沟通艺术
全知道

甄知◎编著

成都地图出版社

图书在版编目 (CIP) 数据

沟通艺术全知道 / 甄知编著. — 成都：成都
地图出版社有限公司，2023.12
ISBN 978-7-5557-2383-7

Ⅰ. ①沟… Ⅱ. ①甄… Ⅲ. ①心理交往－语言艺术－
通俗读物 Ⅳ. ① C912.13-49

中国国家版本馆 CIP 数据核字 (2023) 第 255080 号

沟通艺术全知道
GOUTONG YISHU QUAN ZHIDAO

编　　著：甄　知
责任编辑：高　利
封面设计：春浅浅
出版发行：成都地图出版社有限公司
地　　址：成都市龙泉驿区建设路 2 号
邮政编码：610100
印　　刷：三河市众誉天成印务有限公司
开　　本：710mm×1000mm　　1/16
印　　张：10
字　　数：130 千字
版　　次：2023 年 12 月第 1 版
印　　次：2023 年 12 月第 1 次印刷
定　　价：49.80 元
书　　号：ISBN 978-7-5557-2383-7

沟通，是人际交往的重要环节，因此，会说话的人总是比较受欢迎，不会说话的人往往使谈话冷场或与人不欢而散。

沟通基本上可以分成两种形式：一种是一对一沟通，另一种是一对多沟通。无论是一对一的沟通还是一对多的沟通，如果想做到有效沟通，就要做好以下几个方面：

第一，学会倾听。

一个好的倾听者在听对方陈述的时候不仅仅停留在"听"上，而是会及时给对方回应，记住对方所表达的重点，这样才会让对方有找到了知己的感觉。

第二，在面对面的沟通中，要懂得赞美。

怎么赞美对方呢？首先是要有依据，比如在会见客户时要赞美一下对方，不能只说"您今天看起来真精神。"这样的赞美太过空洞，可以加上具体的细节，比如"您今天穿得真精神"，这样效果会更好。

除此之外，赞美还要别出心裁。比如，别人已经夸了客户的衣服，你还可以补充说，"对啊，特别是发型，看起来清爽干练。"这样就更能打动客户，从而赢得好感。

第三，注意姿态。

在沟通时适当搭配动作与表情。如在沟通中适当地点头、微笑等，或者运用一些调皮又不失礼貌的其他动作或表情，这些都有助于交流。此外，就是懂得尊重别人，切忌表现得趾高气扬、自以为是、心不在焉等。

…………

本书通过对与沟通相关的内容的深入分析，将帮助你掌握沟通的艺术，进而让你拥有更多的朋友，并提高你的生活品质和工作效率，助你实现人生梦想。

CONTENTS

目 录

第一章

> ## 学会倾听，
> ## 开口之前先学会听

倾听的价值：知道对方在想什么

🔆 核心提示

倾听的价值就是了解对方的心理，使人和人之间形成一种良好的互动关系。

👍 高手支招

　　一个小国派使者给皇帝进献了三个一模一样的金人，皇帝非常高兴。但是使者给皇帝和大臣们出了一道难题，那就是判断出这三个金人哪个最有价值。这让皇帝和大臣们十分为难。他们想了很多办法，请来珠宝匠称重量、看做工……用尽了各种办法，却发现三个金人并无明显差别。

　　皇帝和大臣们束手无策，把这个难题发布到全国各地。皇帝宣布，答出来的人将得到重赏。消息发布后，有一位隐居的智者说，如果能让他看看三个金人的话，他就有办法解决这个难题。

　　皇帝将信将疑地把智者和使者都请到宫殿。智者仔细看了看三个金人，发现每个金人的一只耳朵里都有一个小孔。于是他拿出三根纤细的铜丝，分别从三个金人耳朵的小孔穿了进去。

结果，铜丝从第一个金人的另一只耳朵穿了出来；从第二个金人的嘴巴穿了出来；掉进第三个金人的肚子里。于是，智者告诉皇帝："第三个金人最有价值。"那位使者连连点头称是。

这则故事告诉我们，有时候最有价值的人，不是听到什么就左耳朵进右耳朵出的人，也不是听到什么就从嘴巴里说出来的人，而是那个把话放在自己心里的人。有人说："上苍给了我们两只耳朵，那就是用来听别人说话的。"

多年前，从荷兰来到美国的巴克非常贫穷。在 13 岁的时候，巴克就不得不离开学校去当童工。他的工作十分繁重，工作时间很长，并且每周只能得到 6.5 美元。但是巴克从未放弃学习，用省吃俭用节省下来的钱买了一本《美国名人传全书》。他读完这本书后，写信给这本书里讲到的其中一些名人，请他们说说各自童年生活中的一些事情。

爱默生给巴克讲述了自己的童年；格雷将军给了巴克一张地图，并且邀请他一起吃饭、聊天；他还询问过当时正在参选总统的加菲大将，问他是否在运河上做过童工。他把这些名人的童年故事记下来，并且吸取了他们的成功经验，最终也走向了成功。

面对那些激烈的批评者，我们最需要做的就是倾听和劝说——这并不是一件容易做到的事情，但这也是对人的沟通能力的一种考验。

摄影记者伊斯阿克·麦克逊采访过世界各地的许多名人，他成功的方法之一就是善于倾听。他说："有些人之所以不能给别人留下很好的印象，就是因为不善于倾听。他们只关心自己要说些什么，而从来不会等对方把话讲完。许多名人都曾告诉我，他们喜欢的是那些善于倾听别人说话的人。倾听别人说话的习惯，跟其他优秀的品格一样重要。"

你在认真倾听的时候，最好能以肢体语言和简短的话语与对方互动。这不但能够鼓励对方继续说下去，而且也能够使自己更容易集中精力。做法简述如下：

1. 用肢体语言示意

首先，进行目光交流。在倾听别人说话的时候，你的眼睛应该注视他，表示在认真听他说话。其次，在和对方说话的过程中，不要让对方以为你是个"木头人"，微微地点一下头，或者欠一下身子，表示你在仔细地听他说话。这些动作不要过大，以免让对方认为你在故意捣乱，分散对方的注意力，打乱他的说话节奏。

2. 用简短的语言与对方互动

　　首先，你可以用"是""太好了""我赞同"……这样简短的语言表示你的态度或附和对方，也可以问一些问题，以鼓励对方继续往下说，这些都表明你在用心倾听对方的话。但是不要把别人说话的机会抢过来，除非对方已经说完了。比如，对方在说"美国的尼亚加拉大瀑布很美"的时候，你可以回应"确实很美"之类的话。这样，让对方知道你在听，也表明你知道他要表达的意思。其次，对要点进行强调、总结。很多说话者担心对方没有听懂、听全他的意思，有时会询问或多次强调。但如果你懂得适时对他说的要点进行适当的强调、总结，与其互动，借此说明你已经明白他说的意思，沟通就会更加省时、顺畅。

这个假期，我们家去××景区玩了两天！

听说那里很漂亮！

倾听的态度：向说话者传递信息

要想善于倾听，第一件事就是学会对别人说的话表现出兴趣，采取适当的方式向说话者传递信息，与其互动。

👍 高手支招

有个男人喜欢冒险。一次，他去远游，不幸在喜马拉雅山遭遇雪崩。他在大雪里困了七天才被搜救队发现，是一个信念给了他坚持活下来的勇气——想要回到家里，和妻子见面。

获救后，他打电话给妻子："你绝不会知道我这段时间的经历！我在喜马拉雅山上遇到了雪崩，你无法想象雪崩多么大。为了见你，我居然活了下来……"说着，他停了下来，因为他发现妻子对他说的话丝毫不感兴趣。他的妻子对他说："我觉得你说的话很没意思，你说要去冒险的时候我从来都是不赞同的。"

他在回来的那个晚上结束了自己的生命。他的遗书上有这样一段话：我无法忍受，我不懂我的妻子为何不愿意倾听我的话，我很想对她说我的经历，比死还难受的感觉就是没有同情和理解。所以，我宁愿没有死里逃生。

我们必须认清倾听的重要性。美国《福星》杂志里有句话是这样说的："妻子们要做包括看护孩子、处理家务等工作，但首要的还是好好倾听丈夫、孩子的心声。"

罗宾高兴得像个孩子似的回到家中，喘着气告诉他的妻子贝拉："天啊，今天太不可思议了。公司领导让我进董事会讲解报告，还让我发表意见呢！真是太棒了……"贝拉边看电视边淡淡地说："真是好消息呢！不过你忘了叫修理工修理洗衣机。洗衣机太旧了，必须换掉一些零件。你吃完饭检查一下吧。"

"别担心！"罗宾仍很兴奋，"你听清楚我刚刚说的话了吧！我应经理的要求在董事会上对我的报告做了很详细的说明。我虽然说得不是很完美，不过还好表达清楚了。我觉得我可能要升职了……"

"嗯。"贝拉心不在焉地说，"另外，儿子的事情你该注意一下了。上午的时候，老师打电话说孩子的成绩很差，但孩子如果努力的话，还是没有什么问题的。"

这次罗宾不再兴奋了，开始郁闷地快速吃饭。吃过晚饭后，他要查看洗衣机、教育儿子。

有的人会说：罗宾不停地对别人说话，自己却不去听别人说的话。其实不怪贝拉，她只是和罗宾一样想要倾诉。

可见，学会倾听对家庭和睦是很重要的。若贝拉会把握时机，好好听罗宾说话，等他倾诉完后再跟他聊聊家务事，罗宾会很高兴。若罗宾肯退让，和贝拉聊完家事后再讲自己的工作成就，也会皆大欢喜。

玛丽·威尔森说过这样的话："若你讲一段话，没人注意到，那这些话最后也不会讲得很完整、很好。所以，向说话者传递些信息才是倾听最好的方式。用可以看到的行动来表达自己的触动。"

是的，她说得很对，倾听并不是要保持沉默。当你兴高采烈地和别人交谈时，可是别人心不在焉，你是什么感受？若别人能和你有眼神交流，还说些简要的话语来附和，你一定很高兴！你若能在恰当的时机向说话者提问，效果也会更好。

对话的意义：说话与倾听的良性互动

对话，在两个人或多人之间进行，每个人又有两个义务：说话和倾听。当你在"说话"的时候对方要"倾听"，此间你也要"倾听"对方"说话"。说话与倾听良性互动，才能形成顺畅的对话。

高手支招

"说话"和"倾听"对维持对话顺畅颇具意义。

首先，"说话"一定要把话说好，即要说得好，说得精，说得巧。说得好，就是把话说到对方心坎上，说者会说，听者爱听，彼此共鸣；说得精，就是言简意赅，不啰嗦，不赘言；说得巧，就是把话说到点子上，一语中的。其次，"倾听"能够增加你对对方的了解，让你知道对方的想法和目的，进而知道接下来自己要说什么、怎么说。

但是，许多人总是不能耐心去"倾听"别人说话。他们不在乎别人说的话，甚至会着急地打断别人的话，或者听的时候心不在焉。

试想，你和别人聊天，别人却扭头不听你说话，或者一副漫不经心、毫不在意的表情，那你还会有多少谈话的兴致呢？这种情况下你可能会想："他这种表情，似乎不愿意搭理我，也罢，不说了！"虽然对方有时候也会附和几句话，如"是吗""噢""呵呵"等，但尽显敷衍，你能从他的话语或神色中知道他的内心其实是"别说了，我根本没兴趣"。于是，良好的气氛就被破坏了，一场本该有意义的谈话也就终止了。

你应该遇到过这种情况：听众很认真地听你说话时，你会有很大的兴致继续话题。你会不由自主地想："瞧，他听得多认真啊，应该是很喜欢我说的内容。"

显然，有这样的结果，是因为你受到善于倾听的人的鼓励。如果你想建立一个广泛的交际网，那么就要成为别人真诚的听众。

对方说话时，你能够耐心地倾听，就仿佛在跟他说"你的话对我有一定的价值"或"你是值得交的朋友"。无形中，对方不仅自尊心得到了满足，还从中体会到了自己的价值。于是，彼此就不会再陌生，甚至会成为要好的朋友。

做一个"倾听高手"

💡 **核心提示**

一个好的倾听者，不只会听，更能在对方需要帮助时，给予建议或指导，以助其脱离困境。

👍 **高手支招**

有人认为，营销人员的功夫全靠一张能说会道的嘴，于是每次与客户交谈都口若悬河。其实，这样做未必能起到良好的作用。一位优秀的销售人员说过："不要在顾客面前过分展示你的口才，那样会伤害他们的自尊心。有时营销需要的是80%使用耳朵聆听，而剩下的20%才是使用嘴巴。"

很多优秀的销售人员都是倾听高手。这些倾听高手可以从对方滔滔不绝的谈话中发现顾客的需求、诉求或意见，从而为下一步的引导、解释或说服打下基础。

当然，做一个听话高手并不是要你只听不说，而是多听少说，尤其是某些不必要的话语。即使你发现对方话语中存在矛盾，也应该选择在一个适当的时机指出。

　　什么时候才是插话的最好时机呢？对方说话有较长停顿时，或者需要喝茶等停下来的时候，正是发问的最好时机。

　　"经理先生，听您说话真是收获良多。方才听您的意思，似乎对我们的产品还不太满意，您是否可以为我们指点一下呢？"

　　"指点一下"这几个字尽显谦卑和诚恳，它能用来鼓励对方说出心里话，也能使说话者愉快地把话转移到听者关注的问题上来，而非漫无边际地聊。在"指点一下"这句话面前，不仅性格开朗的人会以诚相告，就是不爱讲话的人也会开口说上几句。

　　此外，当顾客向您提出建议或要求时，你不应感到紧张，反而应视为良机。为什么呢？那是由于顾客对营销人员或他所属的公司或产品产生关注，才会向营销人员或公司提出一些建议或要求。否则，顾客不会多言，因为他觉得这些人或事或物的好与坏都与他没有任何关系。所以，我们应该抓住这个机会，与顾客友善沟通、建立良好的关系。

如果他们提出的是质疑，表达的是不满，营销人员也一定要认真地听下去，等对方表达完之后，先向对方表示歉意，说些安慰对方的话，再提出解决办法。

别没认真倾听，就急着回应

核心提示

听，是人们与生俱来的本领，而倾听则是一门艺术。

高手支招

　　伏尔泰曾言"耳朵是通向心灵的路"，倾听能让你了解他人内心深处的情感，了解他人心中真正所想，更好地明白他人的意思。倾听也是有效回复他人问话的前提。积极的倾听不仅可以让对方感受到被尊重，而且可以让我们更加准确地理解对方所透露出来的关键信息，从而在回答时能答到点子上。

　　但是在实际沟通中，许多人总是刚听个大概就急于给别人回话，表达自己的态度和感受，这样常常会答非所问。轻则让聊天气氛尴尬；重则使自己失去与对方深入沟通或交往的机会。所以认真倾听就显得格外重要。

　　以下几个案例就是不认真倾听就急于作答而造成不良后果，在日常生活中要引以为戒。

1. 没听出弦外之音

如果一个多年不见的朋友突然开始跟你叙旧、奉承你，打探你的经济情况，很可能是想要向你借钱。这时候如果你光听"奉承"，却听不出对方说话的弦外之音，就会很被动，明明不方便借钱，话赶话的情况下也不好拒绝。

2. 没听出关键信息

听对方说话要抓住关键信息，尤其是情侣之间，如果总是听不出对方话语中的关键信息，对方就会觉得你对他漠不关心，从而影响双方感情。对于其他人来说也是如此，如果总是听不出其话语中的关键信息，就不能有针对性地进行回话，从而导致交流出现障碍，双方不能进行有效地沟通。

3. 没听懂暗示

所谓的暗示，是指在特定情境中，通过语言、行为、表情等方式，传达出的言外之意或未直接表达的意图。在人际交往中，暗示常常发生，尤其是在职场、社交场合等，听不懂暗示，或者解读错误，都可能造成沟通障碍。所以，在应对暗示时，需要保持敏感和警觉，同时注重自己的语言表达和沟通技巧，以便更好地回应对方的暗示。

耐心去听，让沟通更顺畅

核心提示

在某些情况下，"说"和"听"相比较，对于维持对话的继续，"听"更有意义。

高手支招

对话，至少需要两个人，每个人又需要做到两点：说话和倾听。当你在"说"话的时候对方要"听"，你也要"听"对方"说"。听、说是良性互动的，才能组成整个对话。因为"听"能够让你了解对方，也能够知道对方的目的和想法，进而你才知道要说什么、怎么说等。

但是，许多人总是缺乏耐心去"听"别人说的话。他们不在乎别人说的话，甚至会着急地打断别人的话，或者听的时候心不在焉，更有甚者只听一部分，故意误解别人的话，也有的人自己说自己的……

相反，你和别人聊天，别人却一副漫不经心、毫不在意的表情，那你还会有多少谈话的兴致呢？"他这种表情，似乎不愿意搭理我，也罢，不说了！"

18

对方有时候也会附和几句话，如"是吗""噢""呵呵""可以啊"等，但你能从他的神色中知道他的内心："别说了，我根本没在听。"于是，良好的气氛就被破坏了，一场谈话也就因此终止了。

　　然而，如果你看到对方听的时候还肯定地点头，同时赞许地发出"嗯、嗯"的声音，那你的兴趣肯定会大增，你对自己的信心也会大大增加，话题也会越来越多，头绪也会逐渐清晰起来。或许，这个谈话才会变得有意义。

　　显然，有这样的结果，是因为受到善于倾听人的无形鼓励。如果你想建立一个广泛的交际网，那么真诚谦逊地成为别人的听众，展现出你的兴趣，会极大地帮助你。

　　当然，最重要的是仔细倾听。仔细地听对方说了什么也是相互尊重的基础，在此前提下才能继续交流。接下来，友好地给予对方一定的回应，也是尊重对方的表现。在对方说话时，如果对方说的话你能够耐心地听完，就是在告诉对方你对他说的很有兴趣，仿佛在跟他说"你说的对我有一定的价值"或"你是值得交的朋友"。无形中，对方的自尊心也会得到满足并从中体会到了自己的价值。于是，彼此就不再陌生了，交流让你们终于成了要好的朋友。

　　如何成为一个善于倾听的人呢?

　　要学会倾听,不仅仅要热情,还得有倾听的方法,如果你想要把这个发挥到极致就需要在平时多加练习。听的时候要专心,还要用眼神进行交流,对对方的话有所反应,能根据当时的客观环境采用相应的表情、姿势或简要的语言。不要东瞧西看的,也不能一副厌烦的样子,更不要边听他人讲话边做别的事。别人在说话时,切忌随便打断,也别接过话来随意下结论。如果没有听明白,需要打断别人的话,一定要礼貌地进行询问。

"

第二章

说话有温度，
沟通才会有深度

"

改变说话方式，让人舒服自然

💡 核心提示

有些人在说话的内容上不占优势，但在说话的方式上能给人一种非常自然、令人舒服的感觉。

👍 高手支招

每个人都有自己的个性，因而对别人的谈话内容和方式会有不同的反应。那么，让对方愿意听并能很快进入良好互动状态的说话技巧是什么呢？

1. 风格明快

生活中大多数人不喜欢晦暗的事物，即使草木也会向阳生长。同样，给人沉闷感的谈话，势必会让人反感。反之，说话简洁明快，则更易让人接受。

2. 声音独特

跟有些人说话是一种享受，因为他（她）的嗓音实在是很动听。他们（她们）说话时，非常注意说话的声音，以便带给人愉悦之感。如果有条件，可以把自己的话录下来仔细听听，你可能会意外地发现，自己说话竟有那么多毛病。经常这样检查，你的发音技巧就会不断提高。

3. 语气恰当

每个人都有自尊心，在谈话中，你稍不注意说话的语气，可能就会伤害到对方的自尊心，令他（她）立即反射性地表现出拒绝的态度。因此，如果你想让对方听你说话，尽可能地使用恰当的语气。

4. 语调自然

自然的语调总是悦耳的。首先，在交谈中我们应该注意，不管你是什么样的语调，都应自然流畅，故意做作的声音只会惹人生厌。其次，当你与许多人交谈时，应采用以下的技巧：若前面说话的人嗓门很大，你开始说话时就可以压低点儿声音，让声音低而稳；当前一个人声音较小时，你则需要提高音量，让声音清脆而响亮。总之，要让听者听得舒服、明白。

5. 因人而异

与人交往有必要根据实际情况或对方是谁而分别使用适当的语言。如果不分亲疏远近，总是以相同的口吻或语言对待，那么交流的效果将会大打折扣。

6. 巧用感叹词

"太好了！""好棒哟！""真可怕！"这些都是人们常用的感叹词。当然，这也是感情的自然流露。一句话若没有抑扬顿挫，则过于平淡，引不起对方的兴趣，若能添一些感叹词，就可以活跃说话气氛，但要适可而止。

牢记对方姓名，好感自然来

核心提示

叫出别人的名字，可以赢得对方对你的喜欢和重视；重视别人的名字，会给你带来出乎意料的回报。

高手支招

在日常应酬中，如果一个不太熟悉的人能叫出你的名字，你就会对他产生好感。相反，几番接触后，对方还是叫不出你的名字，你便会对他产生一种疏远感、陌生感，以至心理隔阂。细节决定成败，做好了这个细节，你会更加受人欢迎。

莎士比亚曾经说过："还有什么是比我们自己的名字更悦耳、更甜蜜的文字呢？"自己是独一无二的，自己的名字也是最动听的。人际交往中，你牢记别人的姓名，就表示你在乎他。这不但能建立良好的人际关系，而且会帮助你成就事业。

　　美国前邮务总长杰姆在 46 岁时当选民主党全国委员会主席。他善记人名，记着的人名最多时达 5 万个。

　　美国前总统罗斯福亦是如此。每当有客人拜访，他就让助手将对方的名字（甚至对方司机的名字）、爱好整理好后交给自己，提前背下来。会见时，他上前相迎，直呼其名，给对方留下深刻印象。会见结束后，罗斯福坚持送对方上车，与司机握手并亲切地叫他的名字。这让司机激动不已：美国总统都知道我的名字！他不会知道，罗斯福只是在会见开始前几分钟背下来的，虽然可能过了这一阵儿又会忘掉，但那个司机却会永远记住这件事。

　　在一次宴会上，罗斯福看见席间有许多陌生的面孔，便找到一位熟悉的记者，了解每个人的信息。然后，他主动和他们接近，并叫出了他们的名字。当那些人知道这位亲切的人竟是罗斯福时，大为感动。

一次，美国一家电器公司的董事长宴请公司的代理商和经销商。董事长私下让秘书将每位来宾的名字告诉他。当董事长在饭桌上与每位老板交谈时，随口叫出他们的名字。每个人都既惊又喜，深受感动。而董事长在生意上也自然顺利签单了。

在现实生活中，每个人都希望被别人重视。想要得到别人的重视，我们就应该先学会重视别人，而记住他人的名字，则是一个简单易行又收效甚大的方法。

记住对方的名字不仅是一种基本的礼貌，而且也是一个人际交往的技巧。对于轻而易举地记住我们名字的人，我们会顿觉亲切，有一见如故之感。当他来求我们什么事情时，我们怎么会不全力以赴呢？

记住别人姓名是结交朋友、洽谈生意等的法宝，它对于人际交往能产生立竿见影的效果。记住别人的名字，说起来简单，做起来却很难。

1. 事前做好准备

参加活动之前，提前对参与活动的人的名字和头衔有所了解，当你需要时，就会很快回想起来。

2. 初次见面时要集中注意力

假如当你在第二次与人见面时，还不能叫出对方的名字，要不是你不重视、无心记，要不就是你与其初识时没有集中注意力。如果初次见面你对他人的自我介绍没有听清楚，可以请求他重复一次。

3. 锁定目标

在大型聚会上，你应该对锁定的一些目标人物的名字重点记忆。因为，你不可能记下所有人的名字，所以你应该有所选择，有所侧重。

4. 联想

一旦你已经记住了某人的特点，就可以结合其名字转换成一个难忘的形象，这个形象越简单越好。主要的联想方式有颜色联想、年代联想、地名联想、物体联想等。如果你能使这些形象一一对应，就会很容易地回忆起这个人的名字。如果碰到极其特别的名字，还可以询问对方名字的含义。

5. 人物特征化

死记硬背需记住的名字，或许转眼就会忘掉。假如你把他的名字和特征联系起来记忆，便会牢记于心。特别是在初次见面时，你应该聚精会神地凝视他，看他是否有与众不同之特征。例如五官或穿着打扮的特点。从这些特点中选出一个，将其形象化后再放到记忆中去。

6. 不断重复

交谈中，你不时地叫出对方的名字，在谈话结束时，这个名字就会熟记于心，下次见面时你一定不会忘记他的名字。

记住别人的名字，不仅仅是尊重他人的表现，还是懂得生活的表现。对于一个商人或领导人来说，当你拥有一份属于自己的"名字库"时，相当于拥有了一笔无价的"财富"。

以情动人，增强说话效果

💡 **核心提示**

语言一定是内心情感的真实流露，才可能产生感染力、影响力和号召力。

👍 **高手支招**

　　人是有感情的动物，因而语言所负载的，除了理性信息之外，还有情感信息。"感人心者，莫先乎情"，这就要求我们在说话时一定要带有真情实感。

　　在人际交往中，话语所包含的情感，会在交换信息的同时产生感染力，从而取得良好的沟通效果。俗话说："通情才能达理。"列宁也认为："没有人的情感，就从来没有也不可能有人对真理的追求。"卡耐基在他的书中也说："只有被感情支配的人最能使人相信他的情感是真实的，因为人们具有同样的天然倾向，唯有最真实的生气或忧愁，才能唤起人们的愤怒和忧郁。"美国黑人领袖马丁·路德·金在林肯纪念堂前进行了一场演说，演说的高潮部分是这样的：

回到密西西比去吧！回到亚拉巴马去吧！回到南卡罗来纳去吧！回到佐治亚去吧！回到路易斯安那去吧！回到我们南方城市中的陋巷和贫民窟去吧！既然确信这种情况终将改变，我们绝不可以陷入绝望的深渊中。

今天，我对大家说，我的朋友们，即使有各种困难，我仍然有个梦想，这是扎根在每个美国人心中的梦想。我梦想着，有那么一天，我们这个民族将会奋起反抗，并且一直坚持实现它的信条的真谛——"人人生来平等是不言自明的真理"。

我梦想着，有那么一天，充斥着不平等和压迫的密西西比，也能变为自由与和平的绿洲。

我梦想着，有那么一天，我的四个孩子，可以生活在不分种族而是以他们的品行来判断他们的价值的国度里。

我梦想着，有那么一天，在黑人活动被种族主义者横加干涉的阿拉巴马州，就在种族歧视依然猖獗的阿拉巴马州，黑人儿童将能够与白人儿童如兄弟姐妹一般携起手来。

我梦想着，有那么一天，沟壑填满，山岭削平，上帝的灵光大放光彩，芸芸众生共睹光华！

这就是我们的希望！这是我们返回南方时所怀的信念！依靠这个念头，我们能够把绝望的群山凿成希望的磐石。能够将种族不和的喧嚣变为一曲友爱的乐章。怀着这个信念，我们可以一同工作，一同祝福，一同奋斗，一同入狱，一同为获得自由而斗争。坚信吧，总有一天我们会自由……

在这段演讲中，马丁·路德·金均以"我梦想着……"为首的排比句式表述，深情表现了对自由的渴望，气势磅礴，一泻千里。他殷切盼望种族歧视恶劣的密西西比州变成"自由与和平的绿洲"，希望自己的孩子即使种族不同也能得到公正对待，希望黑人与白人的孩子能像兄弟姐妹一样携起手来，和睦相处，由此甚至希望一切都变得公平正直，坦途通天。作为民权运动的领袖，他道出了千百万黑人的肺腑之言，使得在场的听众激动地呐喊、喝彩，有的还悄然流泪，有的甚至失声痛哭。话语之"情"出于肺腑，方能入人肺腑，达到以情动人的效果。

说话前，先经过大脑这扇"门"

💡 **核心提示**

在与他人沟通的过程中，我们有时会因无心之言而惹恼别人。其实，要想避免说出不当的话，在说话之前，最好先经过大脑这扇"门"。

👍 **高手支招**

王勇受好友张明的妻子之托，劝张明戒酒。一天，他碰到张明与几个同事在一起高高兴兴地喝酒，马上走过去说："你看你，又在这里喝酒了！你老婆的话，你就是不听，等下喝醉了，又要耍酒疯，等着被你老婆收拾吧！"张明一听就生气了："你算老几啊！我喝酒怎么啦？关你什么事！我就是要喝！"

男人最看重面子，王勇当众数落张明，张明当然会生气。如果王勇在说话之前先思考一下，语气委婉一点，结果可能就不会这样了。

一个新到车间工作的大学生，在与车间主任的一次谈话中说，大学期间曾到一个单位实习，该单位技术力量极其薄弱，只有几个工农兵大学生聊以充数。谁料想，该车间主任正是一个工农兵大学生，且心狭多疑。他认为这个大学生是暗有所指。于是，他记恨在心，在日后工作的各个方面都给予了这个大学生额外的"照顾"。

同样的一句话，听者不同，反应就千差万别。有的人一笑了之，而有的人却觉得受到了伤害而气恼或记恨于心，等等。因此，说话要经过大脑思考，不要脱口而出。

很多人心直口快，根本没想到自己的言语可能会伤害别人。因此，话要出口之前，先想想"如果别人这么说我，我会怎样"。很多情况下，你事先仔细琢磨一下，就会减少说错话的概率了。

某天，弟子匆匆来到哲学家的家里："我要告诉您一个消息……"这时，哲学家立即打断了他，问道："你想对我说的消息用三个筛子筛过了吗？"弟子反问："是什么筛子？"

哲学家说道："第一个筛子是真实，它是真实的吗？"

弟子回答："不确定，我是道听途说的……"

哲学家又说道："现在，你用第二个筛子——这个消息是善意的吗？"

弟子为难地说道："不，刚好相反……"

哲学家又打断他的话："那么，你再用第三个筛子——它是重要的吗？"

弟子毫无底气地说："并不重要。"

哲学家说："既然所谓的消息，既不真实，也非善意，更不重要，那就别说了吧！它与我们没什么关系！"

你想对我说的消息用三个筛子筛过了吗？

我要告诉您一个消息……

是什么筛子？

　　我们常常会碰到这样的情况：在与他人交往的过程中，往往一句话就令人久久不能忘怀，或因其美好或不快而相应地引起人们感情上的好与恶的反应，从而产生持久的影响。世界上"真正伤人心的不是刀子，而是比刀子更厉害的东西——语言"。再如："毒人的药只要一粒，伤人的话只要一句。"这些道理都告诫我们，说话一定要慎重，三思而后言。

　　人脑被称为"宇宙中最复杂的机器""生物学上的超级电脑"等，要想让语言展现魅力，首先要经过大脑这扇门。

　　不管怎样，"听者之意"一直成为众多"说者"的心头之患，原因在于，有些人说话时不经过大脑，惹怒了别人却不自知。

　　话出口之前先思考一下，把握好"温度"，切忌脱口而出。此外，在说话时还要谦逊、文雅。

例如，平时用"贵姓"代替"你姓什么"，用"上厕所""去方便一下"代替"去拉屎""去撒尿"，用"借过一下"代替"让一下"。多用敬语、谦语和雅语，让听者内心舒服，同时也能体现一个人的文化素养以及个人修养。

面带微笑，比千言万语都有效

核心提示

微笑具有无穷的魅力。在和别人交往时，微笑比千言万语更有效。

高手支招

微笑是美好的面部表情，是自信的标志、礼貌的象征、涵养的外化、情感的体现。

在一条长街上，有一排卖水果的小摊，其中有一个水果摊的生意异常火爆。但摊主并没有什么独特的销售技巧，最大的特点就是：摊主脸上一直挂着微笑。

有一次，摊主碰到一位非常难缠的顾客。顾客说："你看看这水果，都不新鲜了，你还敢一斤卖8元？一斤5元的话，我可以考虑买一些。"摊主微笑着说："如果我现在一斤卖你5元，那就对之前的顾客不公平了，我也会心怀愧疚。"

"可是，这些都是他们挑剩的，况且都下午了。"顾客还是一脸嫌弃。

摊主依然微笑着，温和地说："这都是一样的，没有人专门去挑拣。如果它们很完美，一斤可能就要卖 10 元了。"

总之，无论顾客的态度如何，摊主的笑容从未消失，他的笑容亲切、温暖，没有一丝强装的样子。就算顾客嫌这嫌那，他也会微笑着耐心解释，最后那个顾客以 8 元每斤的价格买了好几斤。

摊主发自内心的微笑感染着每一个顾客，让每一个在他的小摊上买东西的顾客，都能够带着一份美好的心情离开。摊主的微笑就是最好的招牌，就是最好的广告语，这就是他生意火爆的主要原因。

动其心者莫先乎情，表情中最能征服人心的就是微笑。源于内心、表达真情实感的微笑，是取得说服效应的"心理武器"，也是取得辩论、谈判成功的要素之一。

你今天的穿着和你的气质真是相得益彰啊！

谢谢夸奖哦！

除此之外，在下列场合中应该微笑：

（1）表达赞美、歌颂时应微笑。

（2）上台与下台时应微笑。这样可拉近与听众的距离，给听众留下美好的印象。

（3）当别人取得进步时，送上一缕微笑表示赞美与鼓励。

（4）讲美好的事情或对人做出正面评价时，要面带微笑。

（5）与人见面、握手、问候、交换名片、交谈期间都应适时微笑。

既然微笑在辩论、演讲、日常生活等众多场合中有如此重要的作用，那么微笑训练便成为必要。这里介绍一个小小的技巧，其发明人是我国著名的电影表演艺术家孙道临。他说想要表现微笑，只要开口说"茄子"就行了。

练习微笑时，我们要注意如下动作：嘴唇打开到刚露齿缝的程度，呈扁形，嘴角微微上翘。

微笑时容易出现哪些毛病，又该怎样纠正呢？

（1）微笑过度，比如微笑时间过长或时间点不对，等等。

（2）微笑得不自然。想要避免"皮笑肉不笑"的毛病，首先必须解决态度问题。态度端正了，"皮笑肉不笑"的问题也就迎刃而解。

只要对交谈对象抱有真诚的态度，那么微笑就会帮助你达到良好的交谈效果。但并非所有场合都要微笑。如召开重要会议、处理突发事件、参加追悼大会时，就不能面带微笑。

在运用微笑表达感情时，要真诚自然，适度得体。

第三章

洞察他人心理，让双方交流更有效

言语风格显现个人性格

🔆 **核心提示**

鉴定一个人品行的重要依据之一是此人平时说话的风格。因为人的思想及情感都是通过语言表达出来的。一个人的品格修养会在其或俗或雅的语言风格中不经意地流露出来。

👍 **高手支招**

1. 幽默风趣型

说话风趣幽默的这类人，通常拥有丰富的想象力和创造力，而且看重自由自在的生活，崇尚快乐自由的个性。在很多场合下，适当地开玩笑可以缓解压力、活跃现场气氛。因此，他们经常运用幽默来改变紧张的氛围，从而成为备受大家瞩目之人。他们善于用幽默在生活中制造正能量，而且希望这种正能量也能感染别人，使生活充满欢乐。

2. 旁征博引型

这类人拥有广博的知识面，漫谈也能旁征博引，古今中外、天文地理都能指点一二，显得博闻广见、学问高深。然而，他们脑子里虽然有很多东西，但系统性差，有时只是知其然而不知其所以然，评说问题就像蜻蜓点水，欠缺深度。但是，只要他们能增强分析问题的能力，做到博杂而精深，就会成为优秀的人才。否则，就会变成看似懂得一切、实际博而不专的一类人。

3. 纸上谈兵型

这类人通常纸上谈兵，重理论不重实际，或认为办大事者应不拘小节，因此常常忽视细节，不把琐屑小事挂在心上。他们考虑问题时不够全面，无法把握全局。论述问题不够系统也不够细致深入。由于纸上谈兵造成的过失，很可能会给后来的事情埋下隐患。所以，"千里之堤，溃于蚁穴"是他们最应该明白的道理。

4. 言辞犀利型

这类人的言辞犀利，善于攻击对方弱点或一针见血地指出问题。他们习惯于抓住问题的要害单刀直入地发表看法，常用问题专家的眼光去对待生活或工作。

5. 自我嘲讽型

嘲笑自己，是改掉自身缺点的方法之一。先别人一步嘲讽自己，无形中排除了外来的某些可能的嘲笑、奚落等，博得他人的理解、同情或怜爱。事实上，这也是他们自我保护的一种方式。这类人，心胸较为开阔，积极乐观，心理承受能力强，豪爽直率。

6. 挖苦损人型

这类人大都爱话中藏话。他们的矛头有时指向那些令自己紧张、恐惧或嫉妒的人与事。要是他们觉得不如意，就开始嘲弄别人。其实，这也从中反映了他们的消极思想以及自卑心理。他们希望通过挖苦损人，抬高自己。

7. 心直口快型

这类人能够很快接受新生事物，就像要给生活增加佐料一样，碰到新鲜事或者心中有想表达的都不吐不快。因此，他们总是直来直去，说话不会拐弯抹角。他们虽然容易得罪人，但也有性情直爽、胸怀坦荡等优点。

8. 标新立异型

这类人往往思想独立，有强烈的好奇心，对于普通、传统的说法、做法常持否定的态度。他们"标新"是为了"立异"，做事常常别出心裁。他们很容易接受新生事物，敢于向权威与传统挑战。他们的优点是不因循守旧，精于谋略，有很强的开拓性。缺点是若不被别人理解则容易偏激。

9. 哗众取宠型

这类人喜欢说些异于常人的话，究其根源，往往是因为他们缺乏自信、爱慕虚荣，因为他们想以此获得别人的认可或关注。

10. 委婉含蓄型

这类人的优点是性格温顺，不争强好胜，权力欲淡，与世无争，万事讲究以"和"为贵，易与人相处；缺点是意志薄弱、胆小怕事、原则性欠缺，常常屈从于权威等，对一些不公、不义之事往往选择逃避。这类人如能磨炼胆气、迎难而上，就会成为一个外显宽厚、内存坚毅的刚柔并济之人。

11. 从容平和型

这类人的性格大多优雅平和，为人宽厚仁慈，说话做事不仅严谨还从容不迫，绝不会轻易得罪某个人。他们为人处世豁达、周密细致、有规范，而且反应敏捷果断，属于细心思考型人才，但也有传统和保守的一面。

说话语速传达性格密码与心理状态

一个心理健康、感情丰富的人会因环境的不同而产生不同的语速。同时，语言作为一套很复杂的音义结合系统，是一个特别的"装置"，也是用于思想交流的工具。人在说话的过程中，心理、感情和态度也蕴含其中。

👍 高手支招

日常工作生活中，每个人的说话方式、语言速度都带有自己的特色。

有些人天生属于慢性子，讲话慢条斯理，再急的事情，都按自己的节奏来叙述给别人听。

有些人是急脾气，说话就像连珠炮，噼里啪啦地说个不停，容不得旁人有插嘴的机会。然而大多数人处于两者之间，说话语速属于中速。

就大多数情况而言，讲话速度非常快的人，比较精明，性格偏外向，多为张扬型。话说到投机处，他们就会越发滔滔不绝地继续下个话题。有时话题变得零零碎碎，没有很多的关联性，他们仍会说个不停。

一般来说，待人平和、性格内向的人讲话速度会很慢。这类人常会无意识地与对方保持一定的距离，他们说话时会有所保留。内向型的人对他人怀有强烈的警戒心，而且认为让对方了解自己过多是没必要的。但是他们的内心却很温和，害怕自己的话会伤害到别人或引起别人的敌意，所以总是经过慎重的考虑之后才开口说话。

因为担心出错或承受失败，所以他们使语速变慢下来以不断地调整思维、心态。他们觉得这是最安全的说话方式。他们说话时，往往不是直言不讳，而是喜欢绕圈子，有时听的人会感到焦躁不耐烦。

同时，语速还是一个人说话时的心理状况的反映。我们在交谈时，从一个人的语速上可以对他当时的心理状态有一个基本的判断。只要平时我们对别人的语速稍加留意一下，对方内心的变化就会很容易被发现。如果一个人平时伶牙俐齿、口若悬河，当他面对某个人时，却突然变得吞吞吐吐、反应迟钝。他可能是有事情没有和对方讲，或者做了亏心事，没底气，或者是心仪对方而导致的紧张。

美国经营心理学家欧廉·尤里斯教授曾提出过有助于心境平和的建议："首先降低声音，继而放慢语速，最后向前挺直胸膛。"降低声音——因为声音是自身的感情的催化剂，冲动时会表现得更加强烈，造成不应有的后果。放慢语速——因为个人感情被掺入进来，语速就会随之变快，说话音调变高，容易引起冲动。胸膛挺直，有助于缓和紧张的气氛。而当身体前倾时，把自己的脸向对方靠近，这种讲话姿势为他人营造的是紧张的氛围，这样只会徒增愤怒。

用打招呼时的特征分析他人心理

生活中与人交往，打招呼时给人留下的印象，直接影响他人对你的评判。换言之，看上去简单的一个招呼，也能够帮助我们了解别人的内心。

👍 **高手支招**

1. 与人见面时的握手方式体现的心理特征

一般用力与对方握手的这类人，性格具有主动性。握手的时候五指无力的人性格一般比较软弱。无论是舞会还是公共场合，频频与生人握手打招呼者一般有非常旺盛的自我表现欲。握手时掌心出汗的人，大多数是因为紧张。握一下就松开的人，通常比较谨慎、崇尚自由、讨厌束缚。

2. 喜欢转移目光的人

这类人一般害怕见到陌生人和进入陌生的环境，自卑感很强，没有自信，优柔寡断。他们一般喜欢轻松、另类的打招呼方式，这样有助于消除他们的恐惧、紧张和戒备的心理。

3. 喜欢长时间直视对方的人

喜欢长时间直视对方的人在与人相处时一般带有攻击倾向，他们想通过打招呼来试探对方的虚实，同时也表示对别人怀有戒心和防卫之心。与这类人打交道要讲究策略，不要轻易暴露自己的劣势，要伺机而动。

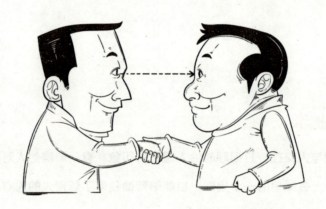

4. 目光躲闪的人

有些人对异性产生好感的时候，打招呼时通常不会直视对方，即使目光与对方撞在一起，他们也会迅速转移自己的视线。这时他们其实只是因为内心紧张，害怕被看穿心思。还有一些人，因为到了陌生的环境或在重要的场合感到紧张，也会目光躲闪。此外，做了亏心事或坏事的人一般会目光躲闪。

观察眼睛，把握对方情绪的关键

在与别人面对面交流的过程中，眼睛也是表达情感的一种清楚、明显的信号，对双方的行为都有着很大的影响。

高手支招

达·芬奇说："眼睛是心灵的窗户。"在与人沟通时，我们可以从对方的眼睛中捕捉到许多信号，以判断对方当下的真实心理状况或情绪状态。比如，当对方的眼神真诚而坚定的时候，表明此时对方是乐于沟通的；当对方的眼神飘忽躲闪时，表明此刻对方心神不宁，急于逃避。

1. 瞳孔的变化

有时，在人际交往中，我们可以通过对方瞳孔的变化，解读对方的感受和情感。例如，当一个人看到自己喜欢的人、事、物时，他的瞳孔会放大；而当一个人看到令自己气愤或讨厌的人、事、物时，他的瞳孔会缩小。

2. 眼神的变化

当你和对方见面时，如果对方的眼神看上去比较灰暗，通常说明对方有不顺心的事或发生了什么意外的事；而当你和对方交谈时，如果对方的眼睛突然明亮起来，通常表明你的话正说中了对方心里最关心的事情。

当你和对方交谈时，如果对方突然闭上了眼睛，这通常表明，对方想躲避你的眼神，或者保护自己不受你的影响，或者对这次交谈感到疲惫、厌烦。

在谈话进入正题的时候，如果对方的眼睛不时看向远处，通常说明对方根本不关心你说话的内容，或者对方正在算计某些事情。

根据肢体语言，解读对方的真实想法

💡 **核心提示**

我们可以根据对方的肢体语言，来解读对方的真实想法，并根据对方的肢体语言，来选择与对方沟通的方式。

👍 **高手支招**

国际著名人际关系和身体语言专家亚伦·皮斯认为，在与他人沟通时，借助非语言交流，我们可以获得大多数的信息，手势和身体动作可以让我们将任何人的面具取下来，了解他们的真实思想和感受。

1. 手部动作

用手遮盖嘴巴：有些人从小时候开始就喜欢这个动作了，并且会一直保留到他们成年以后。当他们不想讲任何内容的时候，他们就可能下意识地用手掌来遮住嘴巴。有时候，他们还会用假装咳嗽来掩饰自己的这一心理。

手背支撑下巴露出脸：很多女性会使用这个动作来吸引异性的注意力。

她们用手背支撑住下巴，露出整张脸，这时她们内心的潜台词可能是："我打扮得很漂亮，快来看看我。"男性在和女性沟通时，如果看到女性做出这个动作，不妨给予对方一些恰当的赞美，以赢得对方的好感。

双臂交叉：双臂交叉通常是一个防御性的动作，有助于将自己与他人隔离。在沟通中，当对方做出这个动作时，通常表明他对你的态度是消极的。

整理领带：男性在和女性沟通时，如果做出整理领带的动作，可能表明他对面前的女性有意思，想在对方面前展现更良好的一面。如果男性在一些严肃场合做出这个动作，可能表明他内心比较焦虑，或者他正在撒谎。

2. 躯干和腿部动作

挺直身子，交叉双腿：当一个女人想让一个男人注意自己时，她会在对方面前将自己认为最好的一面展现出来。当她做出挺直身子、交叉双腿的动作时，通常表明，她对面前的男人十分关注，希望与对方有进一步沟通的机会。

我非常喜欢听你说话，希望我们以后有更多的机会交流。

　　身体向前倾：在与人交往的过程中，当对方对我们表示理解、认同，并想与我们继续保持沟通时，通常会做出身体向前倾的动作。

　　身体向后倾：在沟通过程中，当对方做出身体向后倾的动作时，通常表明对方对当前的对话感到厌烦。如果对方在做出该动作的同时脚尖朝向门口，那可能表明他想要尽快离开。

看透本质，理性识人

💡 **核心提示**

识人不能仅看对方的外表，以貌取人是不可取的，也不能从别人嘴里去认识一个人，我们必须学会透过对方的一些表象来认识其本质。

👍 **高手支招**

识人不能仅凭其相貌，也不能通过他人之口妄下定论，我们应该理性识人。一些仪表堂堂的人，内心可能阴险狡诈；一些外表粗俗的人，内心可能善良正直。外貌虽然能在一定程度上反映出一个人的部分心性，但不能代表这个人的全部本质，仅仅凭借相貌来识人常常会产生偏差。此外，别人对一个人的看法、评判仅能作为你识人的参考，不能作为最终结论，你需要自己去深入了解这个人，做出你自己的理性判断。

1. 不要被光环效应蒙蔽双眼

在人际交往中，人们常常会在对方的光环效应下，犯"以偏概全"的错误，仅凭对方身上的某种优秀特质就推测对方整个人很优秀。比如，大多数人见到相貌堂堂、衣冠楚楚的男性时，往往就会下意识地认为他是一位有修养的正人君子。这样的盲目评判通常会为我们的社交设置障碍，误导我们走进社交的陷阱。

创业初期哪里都需要钱，这钱我以后会还你的，你着什么急啊！

你公司的状况已经好转了，可以还我钱了吧？

2. 不要从别人嘴里认识一个人

生活中，我们经常会遇到这样的情况，新认识一个人或者对某人感兴趣，总会忍不住去向别人打听他的信息，询问他的性格、喜好、过往……我们总是习惯从别人的嘴里去认识一个人。殊不知，从别人嘴里认识一个人是不靠谱的。

信任一个人很难，而误会一个人实在太简单了。诋毁一个人，只需一句话，疏远一个人，只需一个动作，所以，千万别从别人那里去认识一个人。别人嘴里说出来的，不一定是事实；别人眼里看到的，不一定是全部。

3. 不要掉入第一印象的陷阱

当我们在与他人交际互动时，我们会通过对方的外表及言行大致判断出对方是哪一类人，这种以貌取人的第一印象会在我们的大脑中留下烙印。事实上，这种烙印很多时候只是我们个人的偏见，并不可信。

4. 不要忽略细节透露出来的信息

小事看人心，细节见人品。从细微处可以看透一个人的本质，并且准确率极高。在人际交往中，许多人为了达成自己的目的，往往喜欢戴着面具，掩饰自己的真面目。然而，即使是再善于伪装的人，也会败于举手投足间的一些细节。懂交际艺术的人，往往会擦亮自己的双眼，通过观察对方言行举止中的一些细节，来看透对方的本质。比如，对方的笑容僵硬不自然，说明他此刻是假笑，所说的话是言不由衷的。

"

第四章

学会赞美，
夸到对方心里去

"

赞美让人心花怒放

💡 **核心提示**

一般人们都希望他人能看到和肯定自己的优点和长处，认可自己的成功。因此，诚恳的赞美总是能够赢得对方的欢心，同时也能够营造一个美好愉悦的氛围。

👍 **高手支招**

1. 希望赢得别人对自己的赞许，是人类的本性

人们正是在别人的赞美声中感觉到被认可，获得重要的社会满足感。人在婴儿时期，就从周围人的微小的赞美性动作中获得满足。成人以后，更多的是在他人、社会舆论的赞许声中获得强烈的成就感。这就是"社会赞许动机"。应该认识到，人都有优点，这正是个人存在价值的生动体现。人们一般都希望他人能看到和肯定自己的优点和长处，认可自己的成功。因此，诚恳的赞美之声，总是能够赢得对方的欢心，同时也创造了美好愉

悦的氛围。

2. 适当地赞美对方，对方也会投桃报李

科学研究表明，别人对待你的方式，大部分取决于你对他们的态度。有的人总是抱怨别人不热情、不友好，事实上原因在于自己。想一想平时你是否对别人太苛刻，是否太吝惜于你对别人的赞美之词。热情友好的赞美，有利于换取对方同样的态度，更利于双方交流。

那么，赞美需要注意些什么呢？

首先，赞美的目的是表达尊重和欣赏，以及创造友好的交往气氛。因此，赞美应该真心实意，并注意语调和措辞。如果因为有求于人时才表示赞美，会令对方觉得你动机不良。赞美也要注意次数，过于频繁就失去了赞美的意义，而且还显得轻率。还有，赞美的话语不宜过分，言过其实的恭维话就成了拍马屁，只会被人厌恶。这些都关系到赞美的"度"。

其次，恰如其分的赞美，还表现在赞美题材的选择上。即根据具体情境，选择不同的赞美题材。比如，对于年长者，可赞美他的非凡经历；对于同辈人，可赞许他的能力和见识；而对于初次见面者，则可赞美其外表或已知的成就；在公众场合，赞许对方大家认可的品德、行为、外表和长处比较适宜；到别人家中做客，则可赞美其孩子的聪明、妻子的烹调手艺或家居布置等。实际上，只要不犯忌讳和涉及隐私，实事求是，态度诚恳，随处可见赞美的东西。

把握好赞美他人的"度"

💡 **核心提示**

　　赞美的话人人都爱听，凡事都有一个度，适度的赞美让人感到舒畅；反之，则会感到尴尬甚至厌恶，就像"真理向前跨越一步可能就是谬误"。

👍 **高手支招**

1. 注重赞美的点

　　这些情况我们可能都体验过。当你夸奖对方取得的成绩时，他会说："你不知道我付出了多少心血！"言语间流露出的意思可能是：你根本不知这成绩是怎么来的。相反，如果你说："真不错，一定花了你许多的心血吧！"就会使他心里舒服，认为你能体会到他的辛苦、不易。

　　其实，很多人做事注重过程胜于结果。如果你人云亦云地夸奖他取得的成果，不但有势利之嫌，还会让人这样想："要是我失败了你会怎么样待我？"因而对你心生厌恶也未可知。

2. 及时赞美

赞美不宜太早或太迟，及时的赞美才能让人如沐春风。

    某电视台的老张是一名老编辑，工作一直勤勤恳恳。在他生日时，全室人员为他庆祝，新闻中心主任在祝词中是这样说的："老张多年来工作一直勤勤恳恳，甘于奉献，从不争荣誉、邀功劳。我代表全室人员祝您生日快乐！"主任的一番话令老张很感动，他认为这是领导对自己真心的肯定。

3. 频率适中

    这里的频率是指在一定时间内赞扬同一个对象的次数。次数太少，起不到应有的作用；次数太多，应有的效果也会被削弱。而赞扬的频率是以受赞扬者优良行为的进展程度为尺度的。如果被赞扬者的优良行为同赞扬的频率成正比，则说明是适度的赞扬频率；如果呈现反比，则说明赞扬的频率已经到了"滥施"的程度。

4. 要有前瞻性和预见性

赞美不仅要符合眼前的实际，而且要有前瞻性和预见性。

有些东西是相对稳定的，比如人的容貌、性格、习惯等，对于这些可以适度赞美；有些东西则不稳定，比如人的行为、成绩、思想、态度等，若从长远考虑，要谨慎进行赞美。比如，有些人在实习期各方面都有很积极的表现，领导便称赞他："该同志一看就是个敬业乐业的人……"却没想到他得意忘形，转正之后，就开始松懈了。

有新意的赞美更能打动人

每个人都希望别人欣赏自己，赞美自己，但"千篇一律""老生常谈"的话有时只会引起对方的厌烦。所以，如果在赞美的话中，添上一些"新意"，比如，抓住其独特之处进行委婉赞美，那么，这样的赞美之词就能打动人心。

👍 高手支招

美国哲学家威廉·詹姆斯曾说：在人类天性中，最深层的本质是渴望得到别人的重视。这说明人是需要被认可的，因此，在和他人沟通的过程中，如果懂得赞美，多去认可他人，就能够让沟通更加顺畅。尤其是有新意的赞美更能打动人心。

赞美的创新方式要根据不同的场合、对方的性格特点、文化背景、习俗等来决定。

赞美一个人的品德便是一个不错的切入点。孔子对颜回说："贤哉，回也！"毛泽东赋诗赞美彭德怀："山高路远坑深，大军纵横奔驰，谁敢横刀立马？唯我彭大将军。"这些都是以人品为基础来赞美的。

那么怎么使赞美新颖呢？

1. 新意的表达方式

赞美他人的方式需要推陈出新，另辟蹊径。

富兰克林年轻的时候，在费城开了一家小小的印刷所。那时，他参加了宾夕法尼亚州议会的选举。在选举前夕，有个新议员发表了一篇很长的反对他的演说，把富兰克林贬得一文不值。这么一个出其不意的反对者出现，是多么令人恼火呀！该怎么办呢？富兰克林自己讲述道：

"对于这位新议员的反对，我当然很不高兴，可是，他是一位有学问的绅士。他的声誉和才能在议会里颇有影响。但我绝不会阿谀奉承他，以换取他的同情与好感。我只是在数日过后，采用了一个别的适当的方法。

"我听说他藏有几部很名贵又很少见的书。我就写了一封短信给他，说明我想看看这些书，希望他能慷慨借给我几天。他立刻答应了。"

富兰克林对新议员那种不露痕迹的赞美，恰如"润物细无声"的春雨。

表达赞美的方式有很多，要针对具体情况选择最为恰当的方式。在选择赞美方式的时候，既要考虑表达方式的新意，又要考虑对方的喜好。

2. 新颖的语言

新颖的语言是有魅力、有吸引力的。一位女士就曾说："别人反复说她长得很漂亮，已经让她很厌烦，但是当有人告诉她，像她这样气质不凡的女人应该去演电影，在电影中留下她美丽的身影的时候，她笑了。"

新颖的赞语，令人清爽、舒心，更能打动人心。

用谦卑的心去赞美

核心提示

承认别人的优势，欣赏并赞美别人的优势，你会拥有更多的朋友、更多的快乐。

高手支招

1. 虚心请教

一个人的优点或特长已众所周知、被多次赞美时，对于你迟来的赞美和恭维，他不会有什么感觉，如一阵过耳轻风，留不下半点痕迹。这时，如果你毕恭毕敬地向他讨教，他定会耐心地向你传授其中的"诀窍"，接受你这别样的赞美。

于飞到一位擅长书法的老师家去拜访，书法便自然成为他们的话题。于飞谦虚地讨教："林老师，这些年我虽然努力练字，书法水平却没什么提高，始终不得要领，请您稍稍泄露点'秘诀'如何？"林老师非常兴奋，绘声绘色地讲起他的书法"经"来："我最大的体会就是练字'无剑胜有剑'，就如令狐冲练剑一样，并非整日坐在那里练字不可……"于飞非常高兴地说："我得您'真经'后用心去练，定会大有长进。"林老师很高兴，临别时还送给于飞几幅自己的作品。

我最大的体会就是练字"无剑胜有剑"……

我得您"真经"后用心去练，定会大有长进。

2. 欣赏其优势

有时，对方拥有一种优越心理，谦卑的赞美可能是最好的敲门砖，有助于你同其进行交流。

这是一位乡村医生自述的一段经历：

"大千世界，人们素质各不相同，而一旦我们把握听者的脉搏说话，就会使其像小禾吮甘露一样，顿感滋润和妥帖。一次，我在某大医院教歌的时候，开始，人们对我这个'当兵的'并不'感冒'，以致工会干部介绍我时，并未引起人们的注意，下面仍然叽叽喳喳聊个不停，面对这种情景，我拿出喊番号练成的嗓门先喊了一句话：'同志们，请大家给我这张陌生的面孔一个礼节性的回报，静一下。'这一软中带硬的祈使句，令场上立马静了下来。我接着说：'现在我站在这里，心里很紧张，因为我们这所医院集中了全省医学界学历最高、水平最高的专家和学者，大家的职责就是拯救生命、延续生命，最讲究争分夺秒，所以，我没有用我多余的话来浪费大家拯救生命、延续生命的权利，我的义务是把我支配的这块时间都用于教歌，我希望我们的合作不会留下任何遗憾和不愉快。'一席话说到了大家的心里，人们安静地回到自己的座位上，认真地学唱歌曲，再也没有因为维持秩序而耽误时间。"

3. 肯定其强项

俗话说："尺有所短，寸有所长。"通过细心的观察，你将对方的强项给予充分肯定。谦逊而诚挚的赞美会得到对方友好的回馈；同时，一个懂得欣赏的人会更富有人格魅力。

迈克尔·乔丹不仅是家喻户晓的篮球明星，而且是美国青少年崇拜的英雄人物之一。他在篮球场上的高超技艺举世公认，而他在待人处世方面的品格也很值得敬佩。其中有一个突出的特点，就是他很擅长发现和赞扬别人的优点和长处。

为了使芝加哥公牛篮球队连续夺取冠军，乔丹意识到必须把"乔丹偶像"推倒，以证明"公牛队"不等于"乔丹队"，1个人绝对胜不了5个人。人们常忽视这个浅显的道理。在训练中，乔丹执意要将队员们的信心鼓动起来，变"乔丹队"为5个人的"公牛队"。

有一次，乔丹向队友皮蓬问道："咱俩谁投3分球更好些？"

"你！"皮蓬说。

"不，是你！"乔丹极其肯定。

当时，乔丹投3分球的成功率为28.6%，而皮蓬只有26.4%。但乔丹对别人解释说："皮蓬投3分球的动作规范、自然。他对此很有天赋，以后还会更好。而我投3分球还有许多弱点！"

乔丹还告诉皮蓬，自己多用右手扣篮，或习惯地用右手帮一下。而皮蓬双手都行，用左手更好一些。连皮蓬自己都未注意到这一细节。

皮蓬是公牛队最有希望超越乔丹的新秀。小乔丹3岁的皮蓬被他视为亲兄弟。他说："每回看他打得不错，我就非常高兴，不然则很难受。"

1991年6月，在美国职业篮球联赛的决战中，皮蓬夺得33分，超过乔丹3分，成为公牛队在这个赛季的17场比赛中得分首次超过乔丹的球员。这是皮蓬的胜利，更是乔丹的胜利。

赞美他人要留意赞词

核心提示

倘若不按照所赞美对象的心情及当时情境而乱赞美一通，恐怕结果是出力不讨好。

高手支招

不要突然没头没脑地就大放颂词，你对他人的赞赏应该联系你们眼下所谈的话题。如，对方提及的一个话题，讲述的一段经历，或是列举的某个事例，都可被用作引子。

一男青年晚上在饭店与一位认识的女士相遇。她刚听完歌剧，正和一位女伴在用餐，两人都穿戴漂亮。这位男青年觉得眼前一亮，很想恭维一下这位认识的女士："噢，康斯坦泽，今晚的你不同以往，可真漂亮，很有女人味。"对方有些生气地说："我平常不漂亮，没有女人味吗？"

今晚的你不同以往，可真漂亮，很有女人味。

我平常不漂亮，没有女人味吗？

　　一位作报告的女士登台了。主持人向观众介绍："这位就是刘女士，这几年来她的销售培训工作做得非常出色，可以说是有了点名气。"这末尾的一句话显然是画蛇添足，让人不太舒心，什么叫"可以说是有了点名气"呢？

　　这些称赞的话因为用词不当，使对方听来不像赞美，更像是贬低或侮辱，最终自然是事与愿违，弄得双方不欢而散。

　　因此，在表扬或称赞他人时也请谨慎小心。请留心你的措辞，尤其要注意以下四条基本原则：

　　（1）当列举对方的优点或成绩的时候，不要举出让听者觉得无足轻重的内容，比如，向客户介绍自己的销售员时说他"家庭和气"之类的话。

（2）你的赞扬不可暗含影射对方缺点的内容。比如："太好了，在一次次的错误和失败之后，您终于成功了一次！"

（3）不要用你以前不相信对方能取得今日的成绩为由来称赞他。比如："我从来没想到你能做成这件事。"或是"能取得这样的成绩，恐怕你自己都意外吧。"

（4）长江后浪推前浪，最好不要以局限性思维来赞扬。比如："小伙子，你做得很棒啊，这可是个了不起的成绩，这样好好干，就快赶上我了！"

"

第五章

完美回应，
让沟通形成互动

"

用谦虚的态度回应他人

核心提示

　　谦虚自古以来就被视为一种美德，不谦虚的人是很难获得大家的好感的。我们即便十分自信，还是要谦虚一些，尤其是要用谦虚的态度回应别人。

高手支招

　　人们都喜欢说话态度谦和的人，讨厌态度傲慢的人。

　　在职场中，当你明显比同事强时，还是要和大家在一起，千万不能与他们拉开距离。当你处于优势地位时，适当突出自己的劣势，会减轻妒忌者的心理压力，从而淡化乃至消除别人对你的嫉妒。

　　"小姜，你毕业一年多就被提为了业务经理，真了不起，大有前途呀！祝贺你啊！"朋友小吴十分钦佩地说。

　　"没什么，没什么，老兄你过奖了。主要是我们这儿的领导和同事们抬举我。"小姜见同一年大学毕业的小吴这样称赞自己，压抑着内心的欣喜，谦虚地回答。小吴虽然有些嫉妒小姜，但见他这么谦虚，也就笑盈盈地招呼小姜："请坐啊！"

小姜，你才一年多就被提拔为业务经理，真了不起，大有前途呀！祝贺你啊！

没什么，没什么，老兄过奖了，主要是我们这儿的领导和同事们抬举我。

不难想象，小姜此时如果说什么"凭我的水平和能力早就可以提拔了"之类的话，那么小吴自然会心生妒意，甚至反感。处于优势地位时，自然可喜可贺。如果别人一奉承，你就马上陶醉于此，喜形于色，这会在无形中引起别人的嫉妒、反感。所以，面对别人的赞许恭贺，应谦和、虚心，这样不仅能显示出自己的君子风度，淡化别人对自己的嫉妒，而且能博得别人的好感。

要做到谦虚，就应做到以下几点：

1. 不目空一切、居功自傲

有的人做出一点成绩、取得一点进步就飘飘然起来，跟谁说话都趾高气扬，到处夸耀自己，搞得大家都为之侧目。

杨志是一家广告公司的职员，他设计的一件平面广告作品得了一项大奖，经理在员工大会上表扬了他一番，并让他升任主管。杨志认为自己是个人物了，从此以"专家"自居。

一次，经理拿着一个平面设计作品，请杨志来评价评价。杨志唾沫飞溅地说了半个小时，将其批得体无完肤，最后结论是应该返工重来。经理对这个设计本来比较满意了，听了杨志的话极不高兴，从此疏远了他。

2. 适时使用敬语

敬语能表现说话者对对方的态度，因此，对听话者来说，有时可以根据说话人是否使用敬语来了解说话人把自己置于什么地位。例如，科长想请新职员去喝酒，叫道："你也来吧！"如果职员回答："好，我抽空去。"结果会怎样呢？科长会认为新职员没有礼貌。这样一来，科长就会用另一种眼光看他，日后两人的关系也会变得微妙起来。

有人说："适当的时候，使用适当的敬语是语言之美的至高境界。"的确这样。想想看，与前述相同的场面，如果对于"你也来吧！"回答说："好，谢谢，我一定参加。"听的人会感到舒服，觉得你有教养。

3. 要礼贤下士

我们可以看到，许多真正伟大的人物，为人总是很谦虚，善于礼贤下士，因而获得别人的赞扬。若你是领导，以礼贤下士的态度与人交往，更容易让人亲近。

不要轻易否定对方

与他人谈话时，一定不要轻易使用否定的语言回应对方，因为每个人都渴望从他人那里得到肯定和认可的回应。

高手支招

美国著名心理学家卡瑟拉博士曾经颇富成效地帮助过许多人，使他们走出低谷，步入佳境。有人问道："卡瑟拉博士，帮助别人时，你最倚重什么？"卡瑟拉博士毫无遮掩地公开了她的秘诀："我使用了一种奇妙无比的方法，它具有一种神奇的力量，使我能够让'哑巴'讲出话来，让灰心失望的人展露笑容，让婚姻遭遇不幸的夫妻重新和睦起来……这种力量就是——在回应对方的时候给予对方真诚的鼓励和肯定，而不是否定对方。"

然而，并不是每一个人都能做到这一点。在与别人交谈的过程中，有些人会不自觉地伤害到对方。最初，他们没有做出什么无礼的举动，也没有谈论不愉快的事情，但只要交谈的时间一长，他们就会放松懈怠，导致疏漏或错误。此外，有些人与交谈者的方式存在着很大的问题。有些口才好的人在交谈中喜欢轻易否定对方的观点。无论别人说出多么平常的话题，他们都会持否定的态度去回应对方的话，即使他们同意别人的看法，也会绕个弯予以否定。事实上，说话者很快发觉对方不但不接受自己的观点，而且不停地反驳，自己说出的话都被一一反弹回来，因此说话者会在不知不觉中感到压抑，甚至会产生对方不尊重自己的想法。如果跟这类人谈话，为了得到他们的认可，而忙于挑选顺应他们的话题，就会一直处于疲于应付的状态。可想而知，这种交谈无论如何都让人愉快不起来。

每个人都应牢记这样一个回应对方的原则，那就是不要轻易否定对方，因为你的一句否定很容易给对方的心灵造成创伤，甚至会留下很深的阴影。这是因为人类大脑中管理情感的区域拥有很强的记忆力，因此有时难以抹去创伤所烙下的瘢痕，而且每当遇到类似的情况时，潜伏在内心深处的伤痛就会死灰复燃。

有一次，洛克菲勒的一个合伙人爱德华·贝德福特，在南美的一次生意中使公司损失了100万美元。然后，贝德福特丧气地回来见洛克菲勒。洛克菲勒本可以指责他的过失，但是他并没有那样做，他知道贝德福特已经尽力了，更何况事情已经发生了，不能因此就把贝德福特的功劳全部抹杀。于是，他极力寻找一些话题来安慰贝德福特。他把贝德福特叫到自己的办公室，对他说："这太好了，你不仅节省了60%的资金，而且也为我们敲了一个警钟。我们一直都在努力，并且几乎取得了所有的成功，可还没有尝到过失败的滋味。这样也好，我们可以更好地发现自己的错误和缺点，从而争取更大的胜利。更何况，我们也不可能总是处在事业的巅峰时期。"几句话说得贝德福特心里暖洋洋的，并下决心要东山再起。

洛克菲勒在爱德华·贝德福特给公司带来重大损失的情况下，也没有否定对方，反而给了其温和的赞美和鼓励，这正是爱德华·贝德福特需要的，事实证明，洛克菲勒的做法效果卓著，爱德华·贝德福特后来为公司带来了可观的利润。由此可见，我们不应该轻易否定一个人，有时候你的一些否定的话，可能会给他人带来难以磨灭的负面影响。

在与他人谈话的时候，千万不要轻易否定别人，每个人都有闪光的一面，多对别人说"你能行"，给他寻找自己闪光点的动力。

不该说的莫开口

💡 **核心提示**

与人交谈的时候，该说的话不吝惜，不该说的不开口。因为，说出去的话如泼出去的水，无法收回。

👍 **高手支招**

任何人都无法预测一句话会造成什么样的后果，说不定哪句不合适的话会惹来麻烦或伤害别人。这就要求人们在说话之前要深思熟虑，想好再说。

刘燕在一家饭店当服务员，可刚上班一天就被老板炒了鱿鱼。原因是她问了一句不该问的话。

那天，饭店里的生意特别红火。刘燕刚上班，就来了三位客人，她连忙过去，面带微笑地走向客人，准备为他们点菜。第一位客人点了一份鱼香肉丝，第二位点的是糖醋排骨，第三位点的是京酱肉丝。点完菜以后，第三位客人又强调了一句：饭菜要干净一点。

不一会儿，这三位客人点的菜就做好了。刘燕端着盘子出来，她一边朝三位客人就座的方向走去一边大声问："这份干净一点的菜是你们谁要的？"

就因为这一句不该问的话，刘燕丢掉了饭碗，因为这句话给饭店造成了很坏的影响。

说话不仅要根据条件的不同采取不同的表达方式，还要注意语言的正确使用，不要让人误解，否则就违背了说话的最初目的。

几位大学生去敬老院慰问一位退休老教师，见面后一位大学生问道："田老师，您老的身子骨真够硬朗的，今年高寿？"

老人家高兴地说："八十九啦。"

大学生继续说道："在退休老教师里面，您可称得上是'长寿将军'了。"

老人家面带微笑地说："哪里，××年龄比我大，他已经九十高龄。不过，他去年到西天极乐世界了。"

"哟，这回可轮到您了。"一位大学生脱口而出。老人家听到这里，脸色骤变……

其实，这位大学生实际想说，"长寿将军"的光环该套在您老人家头上了，可他的话有歧义，使老人家误认为他在咒自己死，他原本是一片好意，却因语言不当产生了负面效果。

祸从口出，语言不当会带来负面影响。所以，管不好自己的嘴，就相当于在自己身上绑了一颗定时炸弹。

那么，怎样才能说得恰到好处呢？不妨参考以下几点：

1. 不要多嘴多舌

生活中，免不了有这样一类人：心里藏不住话，听到什么、看到什么后，总喜欢说出来，就像大喇叭一样四处传播。所谓"病从口入，祸从口出"，说的就是多嘴多舌导致的不良后果。

有人认为："人长着嘴不就是为了说话？"当然，人长了嘴巴不用是不可能的，但是说话要讲分寸。大凡处事精明的人说话时总会留一手，做到该说的说，不该说的宁可烂在肚子里也不说。

日常生活中，因说话惹出风波的事情实在太多了。搬弄是非，捕风捉影，四处乱传消息，闲言碎语，添枝加叶……会给相关的人造成痛苦和烦恼。

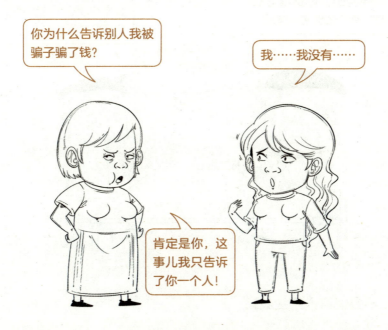

一位哲人曾说："害人的舌头比魔鬼还要厉害，造物者意识到了这一点，用他那仁慈的心特地在舌头外面筑起一排牙齿、两片嘴唇，目的就是告诫人们说话要有遮拦，深思熟虑后再说，避免出口伤人。"

2. 说话时要看场合、看时机

说话前一定得看场合、看时机，权衡利弊。如果说话不看场合，不看时机，往往会惹出祸端。尤其是入世尚浅的年轻人，因为社会阅历少、经验不足，大有一种初生牛犊不怕虎的气势，不管什么场合，不论什么时机，口无遮拦、滔滔不绝。长此下去，必定会吃亏上当。

只有说话时注重场合，看准时机，才能达到最佳的交流效果。只要火候到了，说出的话自然贴切，就足以引起听者的重视与配合。

3. 不要使言语产生歧义

说话前，必须仔细斟酌所说之话是否会产生歧义，尽量把话说完整，把话说得恰到好处，这样才能赢得别人的好感。要知道一句有歧义的话，很可能破坏原本融洽的谈话气氛。

言由心生，说什么样的话，首先要用脑思考。在每句话说出口前，必须先经过大脑筛选，不要让不当言辞溜出口。

话不在多，在于有力量

🔆 **核心提示**

说话言简意赅，能帮助我们提高沟通效率，减少沟通成本。对于节省时间和让别人觉得你可靠可信，都有很积极的意义。

👍 **高手支招**

1936 年 10 月 19 日，我国著名的文学家鲁迅积劳成疾，不幸病逝，举国为之惋惜和悲痛，不久之后公祭大会举行。

整个会场气氛压抑，空气沉重得好像铅块一样，公祭快结束时，邹韬奋发表演讲。邹先生走到台前，清了清嗓子，看到眼前站满了强忍悲痛之心的人，他缓缓说道："今天天色不早，我愿用一句话来纪念先生：许多人是不战而屈，鲁迅先生是战而不屈。"说罢便离开了。

邹韬奋在公祭大会上的这一句话演讲，在当时的上海被人们誉为最具特色、最具力量的演讲。在天色已晚，人心悲痛的情况下，放言高论只会让悲伤的人更悲伤。但是这一句话的演讲，分明让我们感受到话里边蕴含着极为丰富的内容——既有对当时政治战线、思想战线、文化战线上"不战而屈"的投降派的谴责，又有对鲁迅先生勇敢战斗、决不屈服的可贵品格的赞颂。哀而不伤，悲而不怨，既表达了对鲁迅先生的追思，又鼓舞人心，给人以力量，"不战而屈"和"战而不屈"，同样的四个字用不同的组合方式，老辣地批评了那些屈服的人，赞颂了鲁迅这样刚毅的人。这极其精练的一句话不到20个字，却对比鲜明，使高尚者更高尚、卑微者更卑微。

不到 20 个字的内容却富含这么多作用，体现这么多内容，可见，说话并非越多越好，言简意赅，说到点子上才是关键。

生活中不乏话多的人，每每到他说话，都会絮絮叨叨说个不停，以为这样才能体现语言的力量。其实不然，有时话越多，说的话就越没价值，就越没力量。

据史书记载，子禽曾经请教老师墨子："老师，一个人话说多了有没有好处呢？"墨子回答他说："话说多了能有什么好处呢？这就好像池塘里的青蛙，它们整天地叫，即使叫得口干舌燥，也只有少数人注意它们；但是雄鸡却不一样，它们只在天亮的时候叫两声，大家听到鸡啼，于是都注意到它们，就知道天要亮了。所以说，话说多了没用，要说在点子上。"子禽听后恍然大悟。

墨子的话告诉我们一个道理，我们说话，不在多而在精，只要能说到点子上，几句话就能解决问题。我们应该用最洗练的语言表达我们的意思。语言的精彩与否不在于多少，而在于是不是简练有用，是否能解决问题。

有一个误区是，好的口才是指能说会道、口若悬河、滔滔不绝，其实这是不对的。相反地，喋喋不休不仅会暴露我们的缺点，还会让别人感到疲惫，因此容易使别人产生轻视和怀疑以及一些其他负面的看法。

真正口才好的人，往往说话清晰明了、逻辑严谨。事实上，口才好的一个体现就是让对方在短时间内听明白你的意思，而能够达到这一点的关键，就是语言简练。

有一次，艾森豪威尔将军应邀参加一个社团的演讲。在他之前，已经有五名演讲者逐一发言，其中不乏滔滔不绝的长篇大论。最后终于轮到艾森豪威尔将军上台了，这时已经将近天黑，台下许多听众都精疲力尽，昏昏欲睡。艾森豪威尔环顾四周，说道："在我前面的几位先生的演讲十分精彩，加起来可以构成一篇耐人寻味的长篇小说了，我实在没有能力再加一个字，可是这篇文章应该加上一个标点符号，这样才显得完美，就让我来为这篇长篇小说加上一个结束的句号吧！"艾森豪威尔将军说完，就潇洒地回到自己的座位上，结果，他的话语博得了满堂的喝彩。

鲁迅先生曾经说过："时间就是生命，无端地空耗别人的时间，无异于谋财害命。"说话简洁能给别人一种生机勃勃、聪明利索的感觉。现代社会节奏快，时间观念强，每个人都追求生活的高效率，简单明了的交谈能让我们迅速完成对话的目的——或是要了解什么，或是要说明什么。

那么，我们如何才能做到说话言简意赅呢？实际上很简单，我们可以从以下几方面着手：

首先，要注重培养自己分析问题的能力。透过现象看本质，只有我们对一件事情了解透彻后，才能清楚这件事情中什么是重要的、什么是不重要的、这件事的内核是什么，掌握了这些，我们在向别人表述时才知道哪些内容要说、哪些内容是可以不说的。

其次，我们要尽可能多地掌握一些词汇。中国文化博大精深，有时候一个特定的词语就包含了丰富的意思，如果能扩充这样的词汇库，那么，你的语句就会精练，继而显得你很有文化。

最后，说话一定要条理明晰。如果遇到复杂的问题，三言两语说不清，那就分条来说，在说每一条内容时抓住重点。这样虽然信息量很大，内容很复杂，但是逻辑是清晰的，每一条内容是洗练的，就能够很好地让人理解和接受。

但是值得我们注意的是，我们虽然强调说话的简洁和洗练，但是一定要把问题说明白，不能为了少说而不说，这也要求我们言之有物。同时，我们也要注意说话态度，不要给人以"爱搭不理"的不良印象。

要注意回话的语气

核心提示

在回话的时候，相对于说什么，有时候以什么样的语气去说才是更重要的事情。

高手支招

语气包含了一个人对另一个人的态度，决定了对方对此语气的接受度。语气虽然很细微，但是很重要，语气不同，说话产生的效果也会有很大的不同。积极的语气，会让对方感觉到被尊重和被重视；消极的语气，则会让对方感到被怠慢和被轻视，从而心生不满。

我们在与他人交流时，一定要注意我们说话的语气是否让对方反感或者不舒服。如果嘴上说着赞美对方的话，可语气却满是鄙夷，这样的赞美不但没有效果，反而会让对方觉得你虚情假意或在反讽他。所以要注意，得当的语言配上合适的语气才能让回话效果更好。

那么，在日常回话中，什么样的语气要尽量避免呢？我们可以提前了解一下，以免在与人交流时出现这些不当的语气。

1. 质疑的语气

在有些情况下，质疑不仅是一种反驳，有时还包含了对说话对象的攻击，所以回话时一定要避免。

2. 武断的语气

有的人喜欢用武断的语气回话，他自己感觉很爽，但是对方就会觉得自己被蔑视、被冒犯，从而产生排斥心理。

3. 炫耀的语气

有些人说话时语气充满炫耀，完全不考虑对方的感受。实际上，越是炫耀，越难得到他人的认可。

4. 说教的语气

　　有的人和别人说话时，总想去说教，他们自以为很客观、很理性，其实很多人都讨厌别人用"过来人"或"专家"似的语气教训自己。

适当"玩梗"，让回话妙趣横生

高手支招

"玩梗"本身是一种幽默，它通常是指不按照套路回复别人的问题，而是通过清奇的思路、奇葩的脑洞、突然的转折让人忍俊不禁，在沟通中能够起到活跃气氛的作用。

谈话中，有时候对方只是问了一个平淡无奇的问题，这时候如果你一本正经地引经据典、高谈阔论，很容易让谈话氛围显得过于严肃，让双方失去继续交流的欲望。还有的时候如果对方故意刁难，提出一个尖锐的问题，这时候你如果正面回答，很容易引发冲突。遇到这些情况，在回话时都可以适当"玩梗"，让回话妙趣横生，"点燃"全场气氛。

那么，在实际生活中，如何根据对方的提问来巧妙"玩梗"呢？

1. 巧妙联想"造梗"

在回他人的话时，可以将问题的答案作联想延伸，组织出适合当下语境且反差较大的答案。

都说女生天生没有方向感，是真的吗？

是真的，因为女生一进商场就眼花缭乱、转不出来。

2. 借用网络流行语"造梗"

一个新梗在网络上出现之后，往往伴随着一些笑点，成为网络流行语，引起网友们的大量效仿，你也可以在回话时巧妙借用。

3. 用耳熟能详的俏皮话造梗

有时候一个问题并没有什么特别的，甚至让人有不知道如何回话的尴尬，如果这时候只是用"嗯""啊""哦"之类的词语应付一下，基本上也就失去了继续交流的可能性，但是如果能用耳熟能详的俏皮话造梗，不仅能避免直接应对的尴尬，还能制造出幽默感，比如别人说，"我这个人特别懒，周末我最大的兴趣就是赖床"，你可以回复一句"不要和我比懒，因为我懒得和你比，哈哈"。这样的回话往往会引来双方哈哈一笑，让谈话氛围更愉悦。

4. 用反转回复"玩梗"

回话时如果能巧妙运用反转，就会给人一种既在意料之外，又在情理之中的感觉，让对方忍俊不禁的同时，还能不经意地表达出自己的意思。

了解回话窍门，让谈话变得更愉快

💡 **核心提示**

掌握了回话的技巧，就能使我们与他人的沟通变得更畅通。

👆 **高手支招**

许多人在社交中不敢与人交流，原因在于不懂怎么去接对方的话，一张嘴就把天聊死，使得聊天氛围变得十分尴尬。那么，如何才能提高我们的接话能力，使我们与他人的沟通变得更畅通，并将那些尴尬的聊天变成愉快的交谈呢？我们不妨学学下面三个接话的小窍门。

1. 重复式接话

在许多带有负面情绪的聊天中，对方其实需要的是理解与认同，而并非你的想法与意见。这时候，我们仅仅需要用自己的语言，重复对方所讲述的观点即可。这样对方不仅可以感受到我们在认真聆听，自己受到了尊重，情绪上也会得到一定的安抚。

2. 认同式接话

人们往往喜欢与认同自己的人进行交流互动。双方如果在理念上存在巨大的差异，谈话往往就很难进行下去。其实，每个人都习惯站在自己的角度来看待问题。如果你能尝试着换位思考，站在对方的角度来看待问题，理解、认同对方的观点，这样就能快速拉近彼此之间的距离。

3. 作文式接话

在与人交谈时，我们不妨根据对方所说之事，运用作文的六大要素——时间、地点、人物、起因、经过、结果来接话，以便展开话题，从中不断挖掘对方感兴趣的点展开详聊，这样就能让交谈无限延伸，使彼此越聊越熟络。

"

第六章

肢体语言，
其实身体也会说话

"

摆正姿态，展示文化修养

姿态是塑造一个人的整体形象的要素之一。人的姿态和人的语言有着同等的重要性，它们共同反映出一个人的气质和风度。

高手支招

一般来说，姿态由两部分构成：一是指说话双方的空间距离，二是指各种不同的身体姿势、面部表情。

姿态用其微妙的作用和效果搭配着语言完成着交流任务，体现着说话者的文化素养。在交往中，恰当地运用姿态这门无声的语言，能增加你的个人魅力，从而给人留下良好印象。你是否有过这样的经验：遇到一个人，只和他接触了片刻，就有一见如故、相见恨晚的感觉；与某人相见，不久后就知道他是什么样的人，从而与他结交为好友。

在初次相见后我们就能对别人有初步的判断和认识，而别人也是这样，这就是彼此在双方心中留下的初印象，这种初印象有时难以改变，并且可能延续一辈子。

俗话说："人不可貌相，海水不可斗量。"可是，最先认识一个人就是从外在的"相"。尽管以貌取人很片面甚至很不合理，但这却是人们给别人印象和获得别人印象的基本途径，并且成为人们的一种习惯性行为。

因而，要想给人留下美好的印象，就不可忽视说话的姿态。

如果与人见面时无精打采，对方就会猜想也许你不欢迎他；如果你左顾右盼不正视对方，对方就可能怀疑你心中有鬼；如果你趾高气扬，对方可能会认为你目中无人；如果你点头哈腰、过分谦虚，对方可能会认为你目的不纯。

因而，一般情况下与人见面时，你的姿态应不卑不亢、落落大方，主动握手，热情问候。

与此同时，了解别人的姿态有助于看出对方的心理，有利于交际的成功。一般来说，如果对方重重坐下去，并不自觉地晃动着身子，可能他情绪烦躁、心神不安；如果他有时晃腿，有时用脚点地，可能是用这些动作来减轻内心的紧张；如果他上身略微向你倾过来，说明他对你的话很感兴趣；如果他有意识地挪开身体，说明他对你有所戒备；如果他坐着慢慢地向后靠，斜成一个半躺的姿势，或跷起二郎腿，他可能很自负，有强烈的优越感，这时候你要小心谨慎。

"坐如钟，站如松，行如风。"这是古人提出的姿势范式。在社会交际中，同样要求姿势能够秀雅、端庄、稳重，能自然得体、优美大方。具体来说，对各种姿势有下面几个要求：

1. 稳重的坐姿

无论在何种场合，都要做到"坐如钟"，即坐得端正、稳重、优雅。这是对坐姿的要求。

入座时，动作要协调柔和，轻、缓、稳，神态从容自如。人应慢步走到椅子前平稳坐下。女子入座尤其需要优雅，若穿裙子则应注意收好裙脚。一般应从椅子左边入座，起身时也应从椅子左边站立，这是一种礼貌。如果要挪椅子，应当先把椅子轻轻移到欲就座处，然后再坐下去。坐在椅子上移动位置，是不符合社交礼仪的。

入座后，保持双眼平视，嘴唇微闭，面带微笑，挺胸收腹，腰部挺起，重心垂直向下，双肩平正放松，上身微向前倾，手自然放在双膝上，双膝要并拢。双脚亦可一脚向前，一脚向后，但距离不可过远；两臂弯曲放在桌子上或座位两侧的扶手上，掌心向下。端坐时，一般只坐满座位的 2/3。如果时间过长，可以将身体略微倾斜，双腿平行，斜放一侧，双手重叠或握住，放在膝上。若是身穿西装裙的女士，要并拢两脚，向左或向右一方稍倾斜。起立时，一脚向后半步，然后站起身来。

2. 端正的站姿

无论在何种场合都要做到"站如松"，即站得端正、挺拔。这是对站姿的要求。

站立时，要双眼平视，头正颈直，嘴唇微闭，下颌微收，挺胸直腰，上体自然挺拔，双肩保持水平，双臂自然下垂，手指并拢自然弯曲，两手中指压裤缝，腿膝伸直，脚跟并拢，两脚尖张开夹角 45°，身体重心落在双脚之间。男女的站姿略有不同。男士站立时身体重心放在双脚中间，不要偏左或偏右；双脚与肩同宽而立；手可自然下垂，也可以于体前或背后交叉。女子站立时身体重心在两足中间脚弓前端位置，双脚呈倒"八"字站立；双手自然下垂或于体前或背后交叉。

站立后，竖看起来要有直立感，即以鼻子为中线的人体应大体呈直线；横看要有开阔感，即肢体及身段应给人以开阔的感觉；侧看要有垂直感，即从耳与颈相连处至脚的踝骨前侧应该大体呈直线，给人一种挺、直、高的美感。男女的站姿亦应形成不同侧重的形象。男士应站得潇洒挺拔、舒展俊美；女士应该站得落落大方、优雅干练。

3. 优雅的走姿

无论在什么场合都要做到"行如风"，即行得正确、优雅、轻盈，有节奏感。这是对走姿的要求。

行走时，应挺胸收腹，昂首直腰，两眼平视，肩平不摇，双臂自然前后摆动，脚尖微向外或向正前方伸出。起步时身体稍微向前倾，身体重心落于前脚掌，行走时身体的重心要随着向前的脚步不断向前移动，不要让重心固定在后脚，并注意在前脚着地和后脚离地时伸直膝盖；迈出每一步都应从胸膛开始向前移动，而不是腿独自向前伸。男女的走姿风格不大相同。男士的走姿应稳健、有力、潇洒、豪迈，步伐稍大，展示出刚健、威武的阳刚之美；女士的走姿应轻快、含蓄、娴雅、飘逸，步伐略小，展示出温柔、轻盈的阴柔之美。还应看到，现代女性穿高跟鞋的作用不但在于增加身高，而且还能收腹挺胸，显示女性走路的动人姿态和曲线美。走姿高度艺术化的时装模特儿，不仅展示了千姿百态的时装，也展示了高雅的走姿。

在运动中，人的形体有各种姿态，良好的姿势形成优美的仪态。英国哲学家培根认为，相貌的美高于色泽的美，而娴雅合适的动作的美又高于相貌的美，这是美的精髓。娴雅合适的姿势在社会交际中有着十分重要的作用。因而，我们要特别注意培养端正的体态。

一般来说，肢体语言的运用有如下要求：

第一，肢体语言要自然。自然，就是要求姿态不做作，要符合自己的身份和交际场合。无论是从审美的角度，还是从表达需要的角度，姿态都要自然得体，做到既满足审美的标准，给人以美的享受，又能符合表达的需要。有的人说话时，动作生硬、刻板木讷；有的则动作和姿态做作，像在刻意表演。这些都会给人留下不真实、缺乏诚意的印象。

孙中山曾经告诫过人们，"处处出于自然"，即使"有时词拙"，也"不可故作惊人模样"，这样才能博得人们的信赖。因此有人说，宁要自然的雅拙，也不要做作姿态，这也是很有道理的。

第二，肢体语言要简单明了。举手投足要符合一般生活习惯，简洁明了，易于被人们看懂和接受。不要搞得过于复杂，拖泥带水；不要龇牙咧嘴、手舞足蹈的。否则，不仅妨碍有声语言的正常表达，也会使听的人眼花缭乱，不知所措。要注意克服不良的习惯动作，必须摆脱多余的肢体语言。

第三，肢体语言要适度、得体。所谓适度，就是要根据说话的内容、环境、对象和目的，准确恰当地运用姿态，动作要适量，以不影响听者对有声语言的注意力为准。有的人做的动作比说的话还多，那不是口才，而是表演。所谓得体，即要求动作必须与说话内容、情绪、气氛协调一致，不要装模作样，甚至手口不一。据说，美国前总统尼克松在一次招待会上，举起双手招呼记者们站起来，嘴上却说"大家请坐"，使记者们大为不解。于是，尼克松说话内容和动作的不一致成了趣闻。

第四，肢体语言要生动。生动是对肢体语言的细节要求，能使它富有活力，能够感人。只有生动的肢体语言，才能恰当地表达情意，才能给人以美感，从而产生感染力和征服力。事实上，肢体语言也是多种多样，如"看"这个动作就有三百多种不同的表现，如正视、斜视、注视、凝视、仰视、俯视等，每一种都表达不同的感情，其区别就在眉眼的细节上。因此，灵活运用肢体语言，充分展示其表情达意的活力，就能达到生动的表达效果。

第五，和谐统一。这由两部分组成：一是肢体语言和有声语言配合统一，才能准确地表达自己的思想感情和愿望；二是要求肢体语言的一致、和谐。否则，就不能收到期望的效果。

拍抚肩膀：传递勇气与温暖

💡 核心提示

拍抚对方肩膀可向他人表示你对他的鼓励，通过肩膀传递给他勇气。当生活、工作中遇到挫折或不顺时，若有人关心地拍拍我们的肩膀，会将温暖传递给我们。

👍 高手支招

当下属完成任务后，领导可以轻拍下属的肩膀，说"干得很好"或者"你真行，没辜负我的信任"。这样做，可以拉近领导和下属之间的距离，给下属增加动力。同时，这种动作还能显示领导的威严。因为一般只有上司对下属才做这种动作，大多数时候下属是不会轻拍上司的肩膀的。

拍肩膀的动作为何能够有这样的感染力？这取决于肩膀本身所包含的语言信息。身体语言学家认为，肩部的动作是防御、威信、侵略、害怕、安心等的表现。因为肩部可以上下活动，能够自由地伸缩，并且这些动作也容易引起别人的注意。比如肩膀向后缩或耸肩一般表示紧张、害怕、畏惧；肩膀向下舒展或向前伸一般表示轻松、安心等。

　　拍肩膀的动作通常被认为是友好的意思，因此，上司拍抚我们的肩膀时，我们会感觉自己得到了上司的信任。一样的道理，今后当我们要鼓励下级或朋友的时候，请拍抚他的肩膀，这样不但可以给他勇气与温暖，也可以缩短与他的心理距离。

手势语言很重要

核心提示

在肢体语言中，手势语言表现力很强，它通过手或手指的活动变化，使所要表达的思想和情感内容更加丰富，更具吸引力和说服力。为此，有人称："手势语言可以作为口语表达的第二语言。"

高手支招

语言学家普遍认为，手势是人类进化历程中最早使用的交际工具，先于有声语言，手势语在当时的交际中，使用频率非常高，范围也非常广。

古罗马的一位政治家在两千年前曾说过："一切心理活动都伴随着指手画脚等动作。双目传神的面部表情特别丰富，手势恰如人体的一种语言，这种语言连最野蛮的人都能理解。"一位在华讲学的心理学教授与一群有听力障碍的儿童不期而遇，他居然能用当时欧美使用的手势语同他们顺利交流。事后，这位教授风趣地说："用手势语交流比不懂英文的人用不流利的英语交流更加便利、易懂。"因此，手势语言使用的好坏，也在某种程度上决定了身体语言使用的成功与否。

以下列举了一些常用的手势：

1. 拇指竖起式

大拇指竖起，其余四指自然弯曲，一般表示肯定、夸奖的意思。

2. 小指竖起式

竖起小拇指，其余四指弯曲合拢，一般表示差劲、弱小等意思，是对人的一种蔑视。

3. 伸出食指式

伸出食指，其余四指弯曲并拢，一般用来指称人物、事物、方向，或者表示肯定，甚至表示观点。向上伸直胳膊，食指指向空中有时表示强调，有时也可以表示数字"一""十""百""千""万"……

弯曲食指成钩形有时可表示九、九十、九百……

有时来回摆动食指表示"No，No，No"或"不，不，不"，在空中画弧线表示弧形。

4. 食指、中指并举分开式

食指、中指伸直并分开，其余三指弯曲，这一手势一般表示二、二十、二百，或表示胜利，或用作拍照姿势。

5. 拇指、食指并举分开式

一般拇指、食指分开伸出，其余三指弯曲，表示八、八十、八百……此外还有"对""正确"的意思。

6. 拇指、食指、中指并用式

一般三指相捏向前表示"这""这些"，如果三指来回摩擦则表示"给钱""给小费"等。

7. 手掌摊开式

一般掌心摊开向上，这一手势表示"欢迎"或"乞讨""请施舍"之意；手部放低表示无计可施、无能为力之意。

8. 俯手式

掌心向下一般是一种提醒手势，同时表示"反对""否定""安静""暂停"之意；有时候也可以表示"没关系""放宽心"之意。

9. 手切式

一般五指并拢、手掌伸直，像一把斧子用力向下劈，一般表示"将其切开"或"坚决排除"之意。

10. 五指并拢式

一般五指并拢呈簸箕形，掌心向上，表示"聚拢来""把钱都给我"之意等。

11. 挥手式

一般把一只手举过头挥动，表示打招呼、致意、拜别；把双手同时举过头挥动，表示欢迎或拜别等。

12. 合掌式

一般双手自然合掌，置于胸前，表示"祈祷""感恩""欢迎"等意。

13. 握拳平举式

单手或双手握拳，在胸前平举，表示"防卫""迎接挑战""加油"之意；高举过肩或挥动或直锤或斜击，一般表示"愤怒""呐喊"等意。

14. 两手交叉式

一般两手交叉，手掌打开，手指并拢，表示"不要""禁止""否定"等意思。

15. 手剪式

一般五指并拢，手掌伸直，掌心向下，左右两手重叠，再向左右分开，表示"强烈拒绝"或"散开"等意思。

16. 手推式

一般五指指尖向上并拢，掌心向外推出，表示"向前""用力推"等意，表现出坚定与力量；如果五指分开，表示五、五十、五百……

17. 拳击式

一般双手握拳在胸前做撞击动作，表示"放马过来""迎接挑战"等含义。

18. 拍肩式

一般用手指拍肩击膀，表示"愿意承担工作""愿意担负责任或使命"等意。

19. 双手抖动式

一般单手或双手颤动，表示"甩掉束缚""放轻松"等含义。

通常来说，手势语言和有声语言会配合使用，但也有一些手势语言可单独使用，它同样表达了丰富的情感意味。我们经常在电视里看到这样的画面：相爱的两人，男方激动地握住女方的一只手，女方把另一只手伸出放在男方的手上，表现出二人心心相印、携手共进、同甘共苦的情感。在这里，手势语言比有声语言更有表现力。

人们交际中最常用的是手势语言，它承载着丰富、深邃而微妙的信息。

一般说来，上级与下级、长辈与晚辈、女士与男士、主人与客人之间，应由上级、长辈、女士、主人先伸出右手，下级、晚辈、男士、客人才能伸出右手与之相握。握手力度要均匀适中，这是礼貌、热情、友善和诚挚的表示；握手用力太轻，被认为是冷淡、不够热情；用力太重则会显得不够礼貌。

鼓掌是以两手掌发出声响来表达感情，在不同场合有不同的含义：在迎接宾客时鼓掌，是表示热烈欢迎；听演讲时鼓掌，一般为称赞演讲者讲得很好；在告别会上鼓掌，则是表示感谢和告别之意；在开讨论会时鼓掌，则含有支持、同意之意。鼓掌常用来喝彩，在某种特殊的场合，它也可用来喝倒彩。喝倒彩时鼓掌，一般比吹口哨、扔果皮、丢食物等方式要文明礼貌些。

不同场合遇到熟人，如距离较远，可举手招呼；送别客人或朋友时，可举手致意，或挥手致意。手的挥动幅度越大，所表现的感情就越深。

手是不会说话的，但能做手势。但是，在许多不需要说话或不便说话的场合，手势就派上了用场。的确，手势在交际中有助于吸引听众的注意力，使谈话变得更丰富。

交际中，听众是否将注意力集中在讲话者身上，对讲话者的影响很大。如果听众在认真地倾听讲话，并且注视着讲话者，讲话者就会得到极大鼓舞，就会如有神助似的说出许多精妙的语言。如果听者的注意力没有集中在讲话者身上，对讲话者就是一种不尊重。本来可以讲得很好的语言，也因为失掉信心而不能讲出来或讲得缺乏热情。要吸引听众的注意力，是一件不容易的事。许多人听别人讲话，只要一有机会，他们就会往别处看。在这种场合，说话者就要善于使用自己的手势。说话者可以根据讲话的内容，把手一挥，或可以打个响指等，以起到提醒的作用。

不同手势在不同场合有不同的含义。比方说，你在路上用手势与一个朋友打招呼，有的手势使人很远就感觉到你的热情和欢欣；有的手势却使人感到无所适从；有的手势使人觉得你洋洋得意；有的手势告诉别人你很忙碌，正要赶着去办一件重要的事情；有的手势告诉别人你有紧急的事同他谈，请等候……除此以外，双方在交谈中互相握手、互做手势或互拍肩膀等，都能表达特定的含义。这些手势，有的成为谈话的一部分，成为增强语言力量、丰富语言味道的重要成分；有的则代替了语言，单独起着交际的作用。

能否恰当地使用手势语言，直接关系到口才表达主体的形象。在日常交际中，要避免像石头一般站立着，如果自始至终只用一个手势语言，不更换手势则显得呆板；避免手势过多；勿做轻佻、做作等手势；纠正用手摆弄扣子，或不停地用手抚摩茶杯，或用手指着对方鼻子等不良习惯。

在生活中，应不断地加强自身的修养，努力做到手势动作优美、恰当贴切。这样，才能充分发挥手势语言传情达意的功用，加强口才表达的效果。

眼睛也会说话

"眼睛是心灵的窗户。"一个人的内心世界是什么模样，有时可以通过"心灵"这扇"窗户"透露出来。

高手支招

与人交际时，有时不用开口说话，你的喜、怒、哀、愁、乐通过眼睛就能传达出去；你也不一定要把话听全才能获取信息，只需看看对方的眼睛，就能知晓对方内心的情感，知道他究竟想表达什么意思。有时眼神所传达的感情，往往超过言语。因而，可以得出"眼睛会说话"的结论。

马克思、恩格斯、列宁作为无产阶级革命导师，都十分善于运用眼神。

在回忆马克思时，保尔·拉法格说："当他在谈话中说出几句俏皮话或机敏地答辩时，在浓密的眉头下闪动着快活而又嘲弄的黑眼睛。"

在回忆恩格斯时，李卜克内西说："他在观察人们和事物的时候，不是用玫瑰色眼镜或黑色眼镜，而是用明察秋毫的眼睛。他的目光从不停留在事物的表面，而总是要洞察底蕴。这种明察秋毫的眼睛，这种'慧眼'，这种大自然只赋予少数人的洞察力，都是恩格斯所拥有的。这一点我在第一次看见他的时候就觉察到了。"

在回忆列宁时，普·恺尔说："他演说时的姿态，他的淳朴，他那双目光炯炯能看到人们内心深处的眼睛，这都让我感觉到不凡。"

眼睛是心灵的窗户，而眼神千变万化，表现着人们丰富多彩的内心世界。比如苏联作家费定的小说《初欢》中所描述的那样："……眼睛会发光，会发出火花，会变得像雾一样暗淡，会变成模糊的乳状，会打开无底的深渊，会像火花和枪弹一样放射，会质问、会拒绝、会取、会予、会表示恋恋之意……"眼睛的表情，比任何语言都要丰富。

通常，在与人谈话时正视对方，表示对对方的尊重；斜视对方，表示对对方的蔑视。看的次数多，表示对对方有好感和喜欢；看的次数很少或看都

不看，表示对对方没有好感或不屑；如果不敢直视对方，可能是因为害羞，也可能有什么事不能说；如果怀有敌意的双方互相紧盯着，其中一方忽然把眼光移向别处，则意味着退缩和怯懦；如果谈判时有一方不停地转动着眼睛，就要提防他打什么"小算盘"或坏主意；如果是频繁而急促地眨眼，也许是表示羞愧、内疚，也可能是他在说谎话。

眼睛和眉头一起变化，眉目传情的意义更广泛。欢乐时，眉开眼笑、眉飞色舞；忧愁时，双眉紧锁；愤怒时，横眉怒目；顺从时，低眉顺眼；戏谑时，挤眉弄眼；舒畅时，扬眉吐气。

眼神的运用很重要。一般来说，不同的眼神表达着不同的情感。目光明澈是心胸开阔的表现，目光狡黠是心术不正的表现，目光炯炯是精神十足的表现，目光执着是不懈奋斗的表现，目光浮动是轻薄浮浅的表现，目光睿智是机智聪敏的表现，目光呆滞是心事重重的表现，目光坚毅是自强自信的表现，目光颓废是自暴自弃的表现。除此之外，故弄玄虚的眼神乃是高傲自大的反映，神秘莫测的眼神则是奸诈狡猾的反映，如蛇蝎蛰伏、灰冷阴暗的目光是凶恶残酷的反映。

眼神的表现方式各种各样。得体地运用眼神会令你的演讲增添光彩。

孟子说："存乎人者，莫良于眸子，眸子不能掩其恶。"柯云路说过："目光是一种更能储蓄、更微妙、更有力的语言。"确实，眼睛是人体传递信息最主要的器官之一，是人体最灵活的构造之一。当人们进行交流时，注视持续的时间、眼睛的开闭、瞬间的眯眼以及许多小动作和变化都能传达不同的信息。

在与人交流时，谈话者不仅要倾听别人的谈话，而且眼睛要适当地看着对方，给对方一种受到尊重、受到重视的感觉，这样的谈话一般会获得良好的效果。但也有不少人，讲话时两眼一直看讲稿或天花板，或左顾右盼、东张西望，使人感到他"目中无人"，不能表达他的思想感情，这样讲话的效果自然不会好。法国总统戴高乐在做公开演说或电视讲话时，从不戴眼镜，要同法国人"眼对着眼"地讲话，就是由于眼神可以交流思想感情。

我们在与人谈话时，一定要根据谈话的对象、内容、场合、气氛，恰当地运用眼神，这才能收到良好的效果。

正确使用肢体语言，为沟通增添色彩

核心提示

肢体语言在人际沟通中的作用不容小觑。

高手支招

心理学家指出，距离头部越远的身体部位，越能真实反映出人们当下的心理活动。因此，有时，在人际交往中，我们从对方的肢体语言中解读出来的信息，往往比对方口头所讲述的要多。在交际中正确使用肢体语言，不仅能向对方准确传递信息，还能为彼此间的沟通增添色彩，使交谈达到理想的效果。

1. 用肢体语言增添个人魅力

在与他人交谈的过程中，我们可以通过一些肢体语言来增加自己的魅力，拉近彼此间的距离。例如，在大多数场合中，尽量让自己保持微笑的表情；但是在一些悲伤的场合，微笑则属于一种无礼和不敬。如果想与对方的关系迅速升温，在对方是同性的前提下，身体可以微微倾向对方，目光交流的时间可以稍微超过3秒钟，也可以模仿对方一些习惯性的肢体动作。

2. 用肢体语言展示精神面貌

　　良好的站姿给人一种正直、高雅、落落大方的感觉，是一切优美体姿的基础。比较推荐的站姿：两腿站直，胸部挺起，双手自然下垂，双目平视，表明精神振作、充满自信。双肩自然平放，两臂无交集，通常表示你坦诚相待，对他人敞开心胸。将手背在身后给人一种权威、自信和充满力量的感觉。

　　一个人在紧张、不自信时，肢体通常会比较僵硬。因此，在人际互动时，要尽量避免自己的肩膀过于高耸，背部过于挺直，坐姿也不能太僵硬。与对方进行良好的眼神交流时，不能躲闪，眼神交流的时间维持在 3 秒钟左右，这样才不会露怯，让自己看起来充满信心。

3. 用肢体语言向对方表示友好

手部的肢体语言在交际中十分重要，双手的紧攥、交叉或者反复揉搓，会给对方一种你很紧张的信号。因此，在面对友好的交际对象时，我们可以将双手打开，适时地自然活动，表现出一种友好和开放的态度。

"

第七章

掌握技巧，
化解沟通中的难题

"

婉言批评效果更佳

人与人相处，总会有一些不愉快的事情不可避免地发生。面对这种情况，你要慎用辞令，巧于交际，少些批评，多些理解，这样你才会更受人们的欢迎。

高手支招

我们在运用批评的话语的时候，应该抱着与人为善的真诚，对他人的缺点错误及时进行批评教育，让人感到心悦诚服。

在某人做错事的时候，他在内心里一定也会反省，觉得抱歉、恐慌、不知所措，此时，如果你再严厉批评、指责他，那么他会因为你的批评、指责而羞愧难过，甚至从此一蹶不振，失去自信。如果换种语气，如："以后做事呀，你自己可要多加注意了。"或者说："我想，下次你一定不会再犯类似的错误了。"诸如此类。这样，对方不仅会因你对他的信任而感激你，同时还会感受到你的真诚，更重要的是，在今后的工作、生活中，也必定小心谨慎，不再犯同样的错误。

查尔斯·施瓦布是美国著名企业家。一天中午，查尔斯·施瓦布路过炼钢车间，发现几个工人在抽烟，而在他们的头顶上，就悬着一块非常显眼的"禁止吸烟"的牌子。这时他应该怎么做呢？是痛斥他们一顿，还是指着牌子对他们说："你们不识字吗？"不，都不是。

他心平气和地走到这些工人跟前，给他们每人一支雪茄，说道："年轻人，假如你们愿意到别处去吸烟的话，我会十分感谢你们。"

任何人犯了错误，都不愿被人直接批评，尤其不喜欢被人当众批评，因为这会让被批评的人感到难堪或恼怒。

在人际交往中，如果非特殊需要，一般要尽量避免当众指责别人，以免让对方当众出丑。必要时可含蓄指出对方的错误，给对方造成一种心理压力，但不能过分，点到为止即可，尽量做到既不把话点透，又能让对方听出自己的潜台词，这样才不至于将双方置于尴尬境地，同时又能让对方自觉认识到自己的错误，心悦诚服地加以改正。

批评也要"动听"

💡 核心提示

批评人只有让对方认识到批评的价值才不会使批评走向误区。

👍 高手支招

奥斯特洛夫斯基有句话说："批评，这是正常的血液循环，缺少它就不可避免地有停滞和生病的现象。"我们每一个人都不是生活在真空里，就如同我们身上要沾染许多细菌似的，在我们的思想意识和言谈行为上，一些缺点和错误也会不可避免地出现。因此适时适度批评，能保持身心健康。

每个人都有缺点，而只有对自己的缺点有了认识，才有可能进步。若自己认识不到，就得靠别人来帮助，这就是批评的价值所在。

但是，当开展批评的时候，尤其是管理者，一定要讲究方式、方法，注重批评的价值。

那么，怎样的批评方式才会取得好的效果呢？

1. 用含蓄的批评来激励对方

著名的评论家约瑟·亚迪森说过："真正明白批评的人看重的是'正'，却不是'误'。"这里所说的"正"，事实上就是"隐恶扬善"，从正面来进行鼓励，也就是一种含蓄的批评，可以使批评对象及时地改正自己的错误和缺点。可以说从正面鼓励对方改正缺点、错误的间接批评方法，比直接批评效果更快、更好。因为这种批评方法易于被对方接受，从而达到良好的效果。

2. 体谅对方的情绪，取得对方的信任

"心直口快"作为一种性格来说，它的优点在某些方面的确可体现出来。但在批评他人时，"心直口快"者往往不能体谅对方的情绪，图一时嘴瘾，脱口而出，会给被批评者带来巨大的压力或不良影响。

所以，当你批评他人的时候，不妨学着从别人的角度来看问题，设身处地地站在对方的立场考虑一下，如果是自己，是否对这种批评接受得了。如果批评的话自己听来都有些生硬、有些严厉、刻薄，那么就该检讨一下措辞方面有何要修改之处。

另外，场合问题也要被考虑进去。不注意场合的批评，多数人都难以承受。

3. 诚恳而友好的态度

批评这个话题很敏感，哪怕是轻微的批评，都不会像赞扬那样使人感到舒畅，特别是批评者以挑剔或敌对的态度来对待被批评对象时。因此，倘若批评者态度不诚恳，或居高临下、冷峻生硬，反而会引发矛盾，激起对立情绪，使批评陷入僵局。

因此，必须注意批评的态度，诚恳而友好的态度就像一剂"润滑剂"，往往能减少摩擦，从而使批评达到预期效果。

当开展批评的时候，还需要特别注意以下几个问题：

1. 要就事论事，勿伤及人格

批评他人，有什么问题就说什么问题，切勿将"陈芝麻""烂谷子"统统翻出来，纠缠在一起算总账，这样做只能引起对方的反感。因为揭对方的疮疤，甚至伤害其人格，最容易引起对方的愤怒，因此，应绝对避免。

2. 具体明确，勿抽象笼统

在批评他人之前，先要明确是批评什么事情的什么方面，然后，以事实为基础，越具体明确越好。如果抽象笼统、"一竿子打死"，你的意思就很难被别人弄懂，也有失公正。

3. 语气亲切，勿武断生硬

态度决定语气，如果态度诚恳，语气也必定会显得亲切，让人听了心里舒服；如果态度生硬，语气也会显得自以为是，别人也就不会买你的账。有的人批评人时总喜欢用"你应该这样做……""你不应该这样做……"仿佛只有他的看法才是正确的，人们会很反感这种自以为是的口吻。

作为管理者，批评员工时一定不能先将自己的责任推得一干二净，将员工贬得一文不值。正如有一句常被人们说起的话："黑锅大家背，功劳自己领。"这样的管理者领导出来的企业一定不会是一个成功的企业。

拒绝时要巧妙、委婉

核心提示

运用巧妙的语言委婉地拒绝他人，不但能使对方容易接受，同时还给自己留了台阶。这样就冲淡了彼此间因拒绝而产生的尴尬和不快，不但能减少误会，而且会使对方更加信任、欣赏你。

高手支招

一般来说，你可以用下面一些话来巧妙、委婉地表达你的拒绝之意。

"这真是一个好主意，只可惜由于……我们不能马上采用它，等时机对了再商量吧！""这个主意很好，但是如果只从眼下的这些条件来看，却不太可行，我想我们以后肯定是能够用到它的。""我知道你如果对我不信任，不认为我能完成这件事，那么你是不会找我的，但是我真的没有时间，下次如果有什么事情我一定会尽我的全力来支持你。"等等。

有时别人会在比较急的情况下求助于你，但是你确实又没有时间、没有办法帮助他的时候，一定要考虑到对方的实际情况和他当时的心情，委婉拒绝，以避免对方因恼羞成怒而造成不愉快。首先你可以表现出积极的态度，说"需要自己忙过之后才能处理……"对方了解情况后，若等不及，就会另找他人了。

生活中，我们常有这样的经历：当别人还未向你提出要求，你可能就知道对方的目的，可是却不好当面拒绝，或者别人向你提出要求后你并不想帮忙。这时，你就可以采取"以攻为守""依葫芦画瓢"的方法来拒绝他的要求。

比如，你知道朋友会找你借钱，这个时候你可以在对方说出他的请求之前，先于他们说："这么巧呀！正好碰到你，我最近手头有点紧，能不能……"对方如果知道你也是这样的情况，自然就不会再向你开口借钱了，可能他还会懊悔自己到和尚庙借梳子——走错门了呢！

小李从一个朋友那里借了一部照相机，一路不停地把玩。途中遇到小赵。小赵有个毛病，就是见了熟人有好玩的东西后，就想借去玩玩。这次，他看见小李手中的照相机，马上有了兴致，一如既往地要借。

小李灵机一动，回答说："好吧，我可以借给你，你却不可以再借给其他任何人，你做得到吗？"

小赵一听，正合自己的意思，于是连忙说："当然，当然。我一定做得到。"

"绝不失信！"小李追加一句。

"绝不失信，失信还怎么做人！"

此时，小李斩钉截铁地说："我也不能失信，因为别人也是这样要求我的，不把这部照相机外借。"听到小李的这句话后，小赵便不好再强求下去。

如何轻轻松松地说"不"

当别人前来请求协助，你不愿意或者力不从心的时候，一定要学会说"不"，这是判断一个人在社交中的心理是否成熟的标准之一。

高手支招

1. 做好说"不"的准备

一个人总是无法拒绝别人，即便别人的要求极不合理也不会拒绝，通常是以下一种或几种原因造成的。

首先，对自己的判断力缺乏自信，不懂自己该做什么，不该做什么。

其次，是希望得到别人认同，担心拒绝别人的请求会让人把自己看扁了。对自己的能力能够成功地负起多少责任认识不清。

最后，是胆小懦弱。总觉得拒绝别人会给自己带来不良后果或总觉得自己位卑言轻，拒绝也不起作用。

然而，不管是怎样的原因，不管过去的经历如何，他们总是不知该如何拒绝别人的要求。这样的人，需要慢慢做出改变，学会对不合理的要求说"不"。

2. 用拖延来说"不"

一位女友想约你。她在电话里问你："今天晚上八点钟去跳舞，好吗？"你可以回答："以后有空再约吧，我给你打电话。"

你朋友希望星期天能一同去钓鱼，你不想去，可以这样回答："其实我是个钓鱼迷，可自从成了家，妻子就让我的'鱼竿'消失了！"

3. 用行为说"不"

一位不大熟识的朋友邀请你参加晚会，送来请帖，你可以退回请帖作为回复。这种行为可以代替语言表明你不想参加这个活动。

4. 用对比说"不"

你和朋友去看了一部拙劣的武打片。出影院后，朋友问："喜欢这部片子吗？"你可以回答："我更喜欢另一部武打片……"

5. 用回避说"不"

外交官们在遇到他们不想回答或不愿回答的问题时，总会用这句外交辞令："无可奉告。"生活中，当我们暂时无法说"是与不是"时，也可用这句话。此外可以这样去回答，如："天知道。""时间会证明一切的。""这个嘛……难说。"等等。

6. 用反诘说"不"

当对方问："你有没有觉得现在物价涨得太快了？"你可以回答："那么你认为增长太慢了吗？"你的恋人问："你讨厌我吗？"你可以回答："真的讨厌你的话难道还会跟你在一起吗？"

7. 用推托说"不"

有人想找你谈话，你看看时间后说："对不起，我现在有点事，得走了，改天行吗？"

8. 借规章制度说"不"

某造纸厂的推销员向某单位推销纸张。推销员和这家单位的总务处长很熟，恳求他订货。总务处长抱歉地说："实在对不起，我们单位已同某造纸厂签了长期购买合同，单位规定不再向其他任何单位购买纸张了，我必须按规章办事啊。"因为总务处长讲的是"其他任何单位"，就不仅仅针对这一个造纸厂了。

9. 友好地说"不"

一位作家想同某教授交朋友。作家热情地说："能荣幸地与你共进晚餐吗？"可此时教授却忙于准备一份讲稿，实在抽不出时间。于是，他亲切地笑了笑，带着歉意说："对你的邀请，我感到非常荣幸，但是不巧的是我现在在忙一份讲稿，实在无法脱身，十分抱歉！"他的拒绝是有礼貌而且愉快的，但又是那么干脆。

以含蓄的语言表达不满

含蓄的语言虽然不能起到使枯木重生的作用，但却能活跃谈话的气氛；虽然不可以解决大的纠纷，却能将小事化了；虽然可能达不成共识，但也可以让彼此心中有数。所以，指出别人的错误的时候，最好选择含蓄的表达方式。

高手支招

有一家公司的餐厅不仅食物的味道很差，还收费昂贵。员工们很是无奈，每逢吃饭时就会用一种特殊的方式提醒餐厅的工作人员。

一位员工在购买一份菜之后，立即叫了起来，手指捏着鱼尾巴，把鱼从盘子中提起来，冲着餐厅负责人喊道："阿姨，麻烦你过来问问这条鱼吧，它为什么减肥成这样？"

由于人们的思维逐渐趋于理性，因此，许多错误其实他们自己也知道，人们不必用愤怒来解决问题，只需要稍加提点、指正即可。但是，如果你义正词严地当众指出他的错误，有时反而不能获得好的效果。所以，只要含蓄地表达出来，让对方领悟就可以了。

一天，瑞特穿着一件旧衣服去饭店。当他走进饭店大门后，既没有人出来迎接他，也没有人招待他。这时瑞特才发现在座的每一位都是西装革履，服务员对待他们彬彬有礼、服务周到。

于是，瑞特回到家里，换上好衣服又去了饭店。当他刚踏入饭店大门时，服务人员便出来迎接，并且把他引到了一个特别好的位置。不一会儿，他点的菜就端了上来，服务员还特别热情地说："先生，请慢用。"

只见瑞特麻利地脱下外衣，将它妥帖地放好，说："衣服吃饭了。"

服务员好奇地问："先生，您这是什么意思？"

瑞特说："我也要把我的外衣款待好啊。你们这里的酒和菜，不是给衣服准备的吗？"这样既委婉含蓄地表达了自己的不满，又保全了修养。

饭店服务员听到这番话后特别不好意思，连忙向瑞特道歉。

学会以适当的自嘲消除隔阂

💡 核心提示

在采用"自嘲"的说话方式时应注意场合、把握时机，否则不但下不了台，还可能会弄巧成拙。

👍 高手支招

自嘲要审时度势，见机行事，不能随意使用。此外，对待自嘲者必须端正态度。因为，自嘲中包含着自嘲者强烈的自尊心，自嘲就是为了调节氛围，摆脱尴尬的束缚。那么，如何自嘲才适当呢？以下几点可供参考。

1. 用自嘲消除别人的偏见

生活和工作中，每个人都会被误解。误解你的人或多或少会对你有一定程度的偏见，这是很难避免的事情。偏见就像一道鸿沟，隔离了友善与理解，给人们造成了很深的误解。如果不能及时将偏见消除，人际关系就很可能会被破坏，久而久之，会落得"孤家寡人"的下场。有些人认为：偏见一且产生是无法消除的。因为想要改变一个人的意识绝非易事。事实的确如此，但是如果能妙用自嘲法，让别人不再对你存有偏见，沟通就显得十分轻松了。特别是遭到别人攻击前，若能先发制人，以自嘲的方式乐观以待，降低别人的对立情绪，就能逆转形势，变被动为主动。

2. 以自嘲应对"揭短"的人

日常生活中，许多人在面对他人揭短时，习惯针锋相对，这样不但会让自己陷入负面情绪，烦恼丛生，还解决不了问题。不如心平气和，将愤怒变成自嘲，化解积蓄在心中的负能量。

一个真正懂得自嘲的人是充满智慧的、豁达的。遇到突发情况，陷入尴尬境地时，适当的自嘲不仅能避免尴尬，化解窘境，还能调节现场气氛，让你在人际交往过程中游刃有余。

洛伊曾是美国著名的影星，她在年轻时一直活跃在银幕上。洛伊的形象在大家心目中一直是完美的，但她在晚年的时候却日渐发胖。朋友多次邀请她一起去海滨浴场游玩，她都以各种理由推辞了。

一次，一位记者向洛伊提出这样的问题："洛伊女士，您是因为自己太胖，怕出丑才不去海滨游泳的吗？"

没想到洛伊却爽快地答道："是的。我怕我们的空军驾驶员在天上看见我，以为他们又发现了一个新大陆。"

所有在场的人听到后都发出了阵阵笑声，大家不自觉地鼓起掌来。

洛伊用自嘲的口吻、夸张的比喻化解了自己的尴尬，既没有被记者牵着鼻子走，又很好地活跃了招待会的气氛，同时还给大家留下了一个良好的印象，显示出自己豁达的心胸和人格魅力。

当你在与人交谈却陷入尴尬的境地时，自嘲可以使你从尴尬的境地脱身出来。自嘲不仅是豁达的表现，还是自信的表现。因为，只有足够自信的人才敢拿自身的失误做文章，把它放大、夸张，最后又巧妙地引申发挥、自圆其说，博得众人一笑。

3. 用自嘲的方式表达苦衷

一位诗人应邀到某大学做演讲。演讲结束后，一位学生向这位诗人提了一个问题，他说："在金钱社会里，您对纯文学与生活问题有什么看法？"

众所周知，人们对现代社会中纯文学性的东西不太关注，这个学生的言下之意是询问诗人如何面对纯文学与贫穷。诗人回答："就我个人而言，我能坚持写作应该归功于我的妻子，她开了一家小饭馆，这就解决了我们一家人的吃饭问题。"

诗人的回答蕴含着无尽的沧桑与无奈，但是他并没有把这种情愫直接地表达出来，而是借自嘲的方法，既回答了大学生的问题，又给人们留下了深刻的印象。

在某些特定场合中，不宜说出一些自暴自弃或是表达不满的话，这时最巧妙的做法是以自嘲的方式回答对方，这样既能让别人体会到自己的苦衷，又不会让别人认为你是个自暴自弃的人。

与人交际时，当对方有意无意冒犯你的时候，你可以用自嘲的方式来摆脱困境，这是一种恰当的选择，也是摆脱困境的有效方法。它既能维护你的尊严，又能将宽容大度的形象展现在对方面前，从而赢得别人的尊重与信任。

用自嘲的方式为自己解除尴尬，是一个非常有效的方法，但是在自嘲过程中还应有所考虑，不仅仅要注意场合、时机、对象，还应注意不要使用过于贬低自己的言辞。

"

第八章

以理服人，
你能说服任何人

"

抓住说服的最佳时机

只要我们具有敏锐的观察力和灵活的思维能力，我们的说服工作就会像杜甫诗句中的"好雨知时节"那样，恰到好处地滋润人们的心田，使说服工作更加顺利。

人的心理会在客观现实中有所反映。外界的突然刺激会引起人的心理变化。这时人们往往情绪反应强烈，特别是年轻人更容易冲动。情感有余，但缺乏理智，情感的潮水会漫过理智的堤坝，在激情的驱使下会做出让自己后悔莫及的过火行为。

如果及时抓住情绪所产生的强烈波动，在对方即将做出不正常行为的时候予以制止说服并说明利害得失，对方就会受到震动，从而恢复理智，幡然醒悟。而过早地进行说服，会被对方认为是神经过敏或无中生有；过晚地进行说服教育，也易被对方看成"事后诸葛"或秋后算账。都不能收到好的效果。

想要知道说服的时机是否恰当时，可以通过观察对方的情绪表现进行判断。如果对方心平气和，并且表现出的情绪极为平静，这往往说明时机较为合适。如果发现对方表现出反感和对立情绪，我们除了检查谈话方法及自己的态度正确与否外，还应考虑谈话的时机是否恰当，以免造成不利的后果。这时，我们应积极观察，或者采取恰当措施，创造有利的时机，使说服获得成功。

我们要在具体情况下从说服的目的出发，针对对方的思想状态和心理特点进行揣摩，把握有利的时机和采取恰当的方式，从而达到成功说服的目的。

说服要对症下药

说服时只有根据具体的情况随机应变，有针对性地开启对方的心扉，对症下药，才能产生情感和心灵真正的共鸣。

高手支招

1. 要了解对方的心理需要

从性质上看，心理需要可以分为合理需要和不合理需要两种。其中合理需要又分为能解决的需要和不能解决的需要两种，等等。说服有这么多的类型，决定了说服者必须坚持这样一些原则：

对于合理需要，我们要通过说服的方法，帮助对方寻找一条能满足合理需要的理想途径；对那些虽然合理但暂时无法满足的需要，就要对其做出解释，给予精神上的鼓励和安慰；而对于那些不合理的需要，就要用说服的方法加以引导，使不合理需要得到遏制。

142

对人的需要进行级别划分更为复杂。美国心理学家马斯洛认为人的需要可以分为五个级别：一是生理的需要，二是安全的需要，三是归属和爱的需要，四是尊重的需要，五是自我实现的需要。

马洛斯的需要划分启示我们，在进行劝导说服的时候，要根据个人需要考虑不同的情况，因人而异，这样才能更好地达到说服的目的。

2. 要懂得找到别人担忧的点

一个工作事项，对方迟迟不敢给你一个肯定的承诺或者是答复，这就意味着对方有一些难以启齿的担忧和焦虑。因此，我们要从对方的角度去分析思考这项工作的难点、堵点，然后找到对应的措施化解。比如，对方担心审批的手续流程太过繁琐复杂，不敢轻易尝试。那么你就想办法解决这个问题，在不违法违规的情况下，以简化流程、特事特办的方式来进行操作，细化具体的时间表、责任人，从而解决问题。一言以蔽之，就是找到难点、堵点，然后加以解决。

3. 要注意说服对象的文化程度

对知识分子进行说服，宜采取晓之以理的方式，有些话无须说尽，要给对方留有思考的余地；对文化程度较低的人，则应以动之以情为主，采用通俗易懂、生动形象的说服方式。

4. 要根据说服对象的年龄而采取不同的方式

一般来说，老年人希望得到人们的尊重，应该用回忆当年的美好往事的方法来加以引导；在说服中年人时可直接和他就事论理地交谈；在说服青年人时，宜多用名人名言或引经据典，寓理于情地来说服。

5. 要针对说服对象不同的性格特征，采取不同的说服方式

对性格刚毅的人，要采取温和的方式；对足智多谋的人，要用平易的方

法加以引导；对勇敢坚毅但却有些暴戾的人，就要劝导他不要走上歪门邪道；对机灵活跃的人，要对他的行为加以约束；对心胸狭隘的人，就得引导他培养开阔的胸襟，使之宽宏大度；对缺乏远大志向的人，就要激发他的远大志向；对固执而散漫的人，要通过师友来管束。只有真正做到因人而异，才能牵人之心，启人之志。

现身说服，感情真挚

💡 **核心提示**

现身说服，感情真挚而发人深省，态度殷切而意味深长，能够拉近主客体之间的心理距离，具有通感性。如果运用恰当，会使说服对象的心灵产生高频率的振动，容易引起双方强烈的情感共鸣，进而实现主客体之间的心灵沟通。

👍 **高手支招**

对于说服对象来说，若具体事例是真实的、可学的，会使他们认识到："他说的都是自己的真事和经验之谈，我应该认真借鉴才是。"一旦树立这种观念，就会产生一种积极地效仿他人的精神需要。

在运用现身说服这个方法时，要注意的是说服者所讲的事情必须是自己亲身经历的，并且包含自己的切身体会，只有这样才能从中提炼出动人心弦、开人心窍的道理。然后，才能再用这抽象的生活道理去引导别人摆脱眼下的困境。

运用现身说服时还要注意一点，即讲述的个人经历，必须与说服对象目前所处的困境有相同或相似之处，或者在本质上有必然的联系。这样才能使二者具有可比性，前者领悟出来的道理，对后者来说才有价值。否则，对方会认为你述说的经历以及领悟的道理与他没有丝毫联系，那就起不到说服的作用。

　　当然，运用现身说服，并不需要对自己的经历进行详尽的回顾，最关键的是要把解决类似问题的方法介绍给对方，使之简明扼要地呈现在说服对象面前，这是现身说服的根本环节。紧紧抓住这个环节，之后所进行的说服才会有感召力，才能令人信服。

　　运用现身说服的方式进行说服，谈的都是说服者自身的经历和体会，其最终目的是以此激励和鞭策对方。因而特别要求说服者态度要亲切自然、坦率诚恳，让对方在比较中产生心灵的共鸣，从而愉快地接受你的说服。千万不能在对方面前故意借机炫耀自己的"光荣历史"，这会给对方留下一种你在自我吹嘘与标榜自己的坏印象。

如果故意炫耀自己的功绩和优点，借此来贬低和挖苦对方的缺点和不足，只会引起对方的厌恶，这根本不是在说服对方。

树标说服，生动形象

● 核心提示

心理学研究表明，当一个人看到别人的某些行为时，会产生进行同一行为的愿望，这样就产生了模仿。如当看见别人做好事时，自己也会想去尝试，一旦这种从善的心理发展为从善的信念，进而升华为从善的意志，就很容易产生从善的行为。

● 高手支招

树标说服，就是根据人们善于模仿的心理特点，在说服过程中给对方树立一些鲜明具体、生动、形象的好榜样，从而进行生动形象的感知教育，使说服对象能够比有样板、学有榜样、赶有目标、超有方向。这比单纯的说服教育更具有感召力，更容易引起对方的感情共鸣，给人以激励和鞭策，激发他们模仿和追赶的愿望。

当然，这种善于模仿的特性，决定了人在模仿他人时，也容易受到不良行为的影响。许多年轻人看了暴力电影和淫秽书籍后往往误入迷途，导致犯罪，这就是一个有力的证明。所以，在说服中有意识地运用心理学中有关模仿的心理特征，采用树立榜样的方法，用典型来做引导，激发说服对象积极的模仿意识，有着十分重要的意义。

树标说服，可以从正反两个方面列举大量古今中外的典型事例，来启发引导或约束制止说服对象的思想行为。用正面的典型事例，对说服对象的思想、行为进行正面积极的诱导；借反面典型，给说服对象的思想、行为以约束或制止。

中国有句古语，叫"人往高处走，水往低处流"。一般来说，每个人都希望成为受人尊敬、对社会有益的人，很少有人愿意自甘堕落。因此，在讲正面例子时，要讲得生动形象、鲜明具体，能够扣人心弦，让正面形象深深印刻在说服对象的心中，直至征服他。但要注意不能脱离客观事实而随意夸张放大。

在讲反面例子以劝诫说服对象时，切忌对恶人恶行津津乐道、叙述详尽。换句话说就是，讲解反面例子宜粗不宜细，不应侧重于对作恶过程的描述，而应该侧重于讲述恶行的影响和后果。分析要有批判性，态度和观点要鲜明正确，以防产生模仿效应。

唤醒说服在于有意引导

核心提示

人的正确的自我意识并不是与生俱来的。一方面，人们通过不断地进行学习和实践来获得正确的自我意识；另一方面，则依赖于他人的引导。这种"引导"其实就是运用心理学上所说的"意识唤醒"的方法，促使外因通过内因起作用的过程。把这种外因作用置于言语交际的方面，实际上是为我们提供了一种新的说服的方法——唤醒说服。

高手支招

一般来说，运用唤醒说服可从以下几个方面入手：

1. 唤醒年龄的特征意识

一般人到了某个年龄阶段就该出现相应的心理特征，但有的人却迟迟表现不出来，这时，只要你稍加引导，他就有可能会醒悟，甚至可能会产生心理意识的飞跃。

2. 唤醒性别特征意识

不同性别的人具有不同的自我心理意识。然而，有些人却缺乏这种自我意识。善于做引导工作的人，就会抓住这个时机，从唤醒对方的性别特征意识的角度加以引导，使之产生心理上的飞跃。

3. 唤醒角色心理意识

在社会生活这个大舞台上，每个人都充当着一定的角色。当人充当着某种角色、角色发生转换或被赋予某种特殊角色时，总是会产生特定的角色心理意识。如果遇到对方对自己的角色认识不准确，就应当加以引导，唤醒他的角色心理意识。

4. 唤醒社会责任意识

社会生活中的每一个人，在享受着各种各样权利的同时也承担着相应的社会责任。有些人意识不到他必须承担的某些社会责任，这时可以从唤醒对方的社会责任意识入手，通过引导，使之明白自己的社会责任，并担负起应尽的义务。

5. 唤醒自我价值意识

每个人都希望别人尊重自己的言行，都有自觉维护自身荣誉和社会地位的自我意识倾向，这是一个人想要实现自我价值的迫切反映。它是一种与自信心、进取心、责任心、荣誉感密切相连的积极的心理品质。

古人云："水激石则鸣，人激志则宏。"善于做说服工作的人，总是能够唤醒对方迫切希望实现自我价值的潜意识，从而将之转化为巨大的精神力量。

综上可以看出，唤醒说服在言语交际中的主要功能是通过语言这个外因激发出对方潜意识中的"良知"，使对方认识到自己年龄的、性别的、角色等的心理意识特征，意识到自己的社会责任和自我价值，从而促使其通过自我批评、自我监督、自我鼓励、自我修养，不断地自我完善，在认识上达到一个新境界。

　　总而言之，唤醒说服这种激发心理潜意识的说服艺术，在人的言语交际中，具有很强的实用性。